Sexualidades, corpos e poder

CIP-BRASIL. CATALOGAÇÃO NA PUBLICAÇÃO
SINDICATO NACIONAL DOS EDITORES DE LIVROS, RJ

S529

Sexualidades, corpos e poder : desobediências criadoras / [Alliny Araújo ... [et al.]] ; organização Maria da Penha Nery, Anna Cláudia Eutrópio, Laura de Souza Zingra Vomero. - 1. ed. - São Paulo : Ágora, 2024.
200 p. ; 21 cm.

Inclui bibliografia
ISBN 978-85-7183-325-8

1. Psicodrama. 2. Sexualidade. 3. Identidade de gênero. I. Araújo, Alliny. II. Nery, Maria da Penha. III. Eutrópio, Anna Cláudia. IV. Vomero, Laura de Souza Zingra.

24-87605 CDD: 616.891523
CDU: 615.851

Gabriela Faray Ferreira Lopes - Bibliotecária - CRB-7/6643

www.editoraagora.com.br

Sexualidades, corpos e poder

Desobediências criadoras

Maria da Penha Nery
Anna Cláudia Eutrópio
Laura de Souza Zingra Vomero
(orgs.)

EDITORA
ÁGORA

Editora executiva: **Soraia Bini Cury**
Preparação: **Samara dos Santos Reis**
Revisão: **Mariana Marcoantonio**
Capa: **Delfin [Studio DelRey]**
Projeto gráfico e diagramação: **Crayon Editorial**

Editora Ágora
Departamento editorial
Rua Itapicuru, 613 – 7º andar
05006-000 – São Paulo – SP
Fone: (11) 3872-3322
http://www.editoraagora.com.br
e-mail: agora@editoraagora.com.br

Atendimento ao consumidor
Summus Editorial
Fone: (11) 3865-9890

Vendas por atacado
Fone: (11) 3873-8638
e-mail: vendas@summus.com.br

Impresso no Brasil

Sumário

Prefácio 7
Saulo Vito Ciasca

Apresentação 15
Maria da Penha Nery, Anna Cláudia Eutrópio e
Laura de Souza Zingra Vomero

1. A formação de psicodramatistas — Desobediências a partir
do Congresso Brasileiro de Psicodrama de 2020 17
Anna Cláudia Eutrópio

2. Conserva corporal — Via de acesso para a (des)colonização
do coinconsciente 33
Laura de Souza Zingra Vomero

3. Psicodrama, matriz de identidade e homofobia —
Possibilidades de rematrização 63
Wesley Miranda Marques

4. Afetividade, criatividade, comunidade e ancestralidade —
Caminhos para a descolonização de subjetividades negras 75
Daniela Aparecida Cardoso da Silva

5. Papel de mulher — É possível exercê-lo com espontaneidade?. . . 91
Alliny Araújo

6. Desconstruir o amor romântico — Por relações amorosas mais diversas e espontâneas 109
Juliana dos Santos Soares

7. Monogamia, poliamor e conservas culturais — O poder dos afetos 127
Maria da Penha Nery

8. Casamento a dois? Conservas culturais patriarcais nos relacionamentos amorosos LGBTQIA+ 149
Paulo César Alves de Siqueira

9. Amor em tempos de Grindr — Eternamente jovens? Eternamente belos? Eternamente solitários? 165
Claudia Clementi Fernandes

10. Terapia sexual psicodramática 179
Nilton Inacio do Nascimento

Prefácio

Saulo Vito Ciasca

O que há de desobediente em você? O que o atraiu no título deste livro? Será curiosidade, predisposição para o novo, para o inesperado?

A escrita traz consigo um paradoxo, visto que eterniza, fotografa, congela uma ideia ou um conjunto de pensamentos que precisam continuar fluidos e propícios a transformações, adaptações e mudanças. É com essa disposição e abertura que convido você para ler esta obra — sobretudo para construir um olhar e uma escuta mais amorosos sobre a outra (pessoa), seja no convívio, seja no cuidado, nas relações, nos afetos.

Por que não falar da outra ou até de outrem em vez de do outro? Quantas vezes o uso do masculino o mantém na linguagem como referência universal, reforçando a estrutura do patriarcado machista colonial? O uso de uma linguagem neutra, com o termo "todes", por exemplo, possibilita uma mudança estrutural linguística como estratégia discursiva de pessoas trans para inclusão e maior acolhimento a quem não se adequa ao binarismo masculino e feminino. Mas isso tem sido palco de uma verdadeira guerra ideológica e institucional, visto que pessoas trans e sobretudo não binárias costumam ser vistas como abjetas, e a produção de um som novo com significado novo tem incomodado sobretudo aqueles que negam sistematicamente a existência e a legitimidade de gêneros dissidentes. Mas, se alguém articula os vocábulos e emite o som, é possível deixar de escutá-lo? "Ah, mas na minha época não existia esse negócio de pessoa não binária!" — um aluno me disse numa aula. Na ocasião, perguntei se a época dele seria 1492, ano em que se iniciou a invasão colonial, em que Cristóvão Colombo desembarcou nas Antilhas e deparou com povos originários cujo idioma tinha gêneros além do binarismo mulher-homem. No povo navajo[1] existem os *nadleehi*[2] ou "transformados", pessoas que não são consideradas nem homem nem mulher, mas os dois juntos. O povo ojíbua[3] tem entre si as chamadas *niizh naridoowag* ("dois espíritos"). Há registros ainda mais antigos de identidades não binárias, como as *muxes*, no sul do México, as *hijras*, em Bangladesh, no Butão, na Índia, nas Maldivas, no Nepal, no Paquistão e no Sri Lanka, e as *kathoey*, na Tailândia, no Laos e no Camboja.

Há, na lógica endossexual-cis-heteronormativa utilizada em geral no discurso político-religioso contemporâneo, uma expressão que aponta para a tal "ideologia de gênero". Há quem sustente essa expressão transfóbica, que ocasiona grande sofrimento psíquico nas pessoas visadas. Esses indivíduos dizem não concordar com os termos "cisgênero/cis" e "transgênero/trans", pois estes feririam os "princípios mais fundamentais da biologia básica". Partem da ideia equivocada de "quem tem pênis é homem, quem tem vagina é mulher" e pronto — o resto seria elocubração, invencionice, "ideologia de gênero", expressão que deslegitima o cunho científico de estudos realizados nos últimos 50 anos nas áreas de biologia, antropologia, medicina, psicologia, ciências sociais etc.

Então, vamos falar de biologia? É impossível diferenciar o que é biológico do que é social. O meio social interage de forma contínua, aplicando significados ao que se compreende ser biológico. A nigeriana Oyèrónkẹ Oyěwùmí (2021), estudiosa de gêneros e professora de Sociologia na Universidade de Nova York em Stony Brook, ensina que "a lógica é bio-lógica", ou seja, o que conhecemos como essencial e dizemos ser biológico é um olhar cultural sobre corpos e funções. Os corpos físicos são sempre corpos sociais. Se essa frase lhe causou incerteza, explico: o conceito de sexo biológico não é tão simples e raso como o

1 Nação indígena que conta com cerca de 4 mil pessoas concentradas na maior reserva de nativos dos Estados Unidos, com área de 70 mil km² (equivalente a 73% do estado brasileiro de Santa Catarina), localizada nos limites dos estados de Utah, Arizona e Novo México. [N. E.]

2 Pronuncia-se *nadlirrí*. [N. E.]

3 Os ojíbuas são um dos povos nativos que habitam uma área do centro-norte ao nordeste dos Estados Unidos e do centro-sul ao sudeste do Canadá, praticamente circundando os Grandes Lagos. Nos anos 2010, totalizavam cerca de 231 mil pessoas. [N. E.]

que aprendemos no ensino fundamental ou até mesmo na graduação. A expressão "sexo biológico" traduz um somatório de diversos "sexos": temos o sexo cromossômico (46, XX; 46, XY; 46, X0; 47, XXY etc.), o sexo gonadal (ovários, testículos, ovoteste ou ausência deles), o sexo genital (vagina, pênis, pênis e vagina, genitálias atípicas, ausência de pênis ou de vagina etc.), o sexo fenotípico devido ao ambiente hormonal preponderante (combinação de estrogênios e androgênios). Ou seja, na espécie humana não há dois sexos biológicos; há pelo menos três grandes categorias: endossexo masculino, endossexo feminino e intersexo. Portanto, é um erro dizer que alguém é homem ou mulher em razão de apenas uma característica corporal. Se a pessoa tiver vulva e for XY, seria o quê? Qual categoria de sexo prepondera nesse caso? Alguém pode argumentar: "Ah, mas intersexo é uma malformação, uma falha genética, uma anomalia, um erro. E é muito raro". Como diz Yuval Harari (2015, p. 154), "a biologia permite, a cultura proíbe". Se alguém existe, é porque a biologia permite. E quem o coíbe? Indivíduos. Entender pessoas intersexo como anomalia não seria uma imposição da cultura predominante capacitista sobre corpos que existem? E, se são raros, diamantes também os são. Ninguém contesta a existência de diamantes.

Apesar de todos sermos diversos, há adversidades com algumas diversidades, não por serem diferentes por si sós, mas porque a sociedade as trata de modo diferente. Compreendê-las, assumi-las e abordá-las se faz obrigatório na contemporaneidade. O estudo e o uso da perspectiva interseccional como ferramenta metodológica para o olhar da outra permitem identificar as especificidades de grupos que vivenciam múltiplas formas de opressão simultaneamente. No capítulo "Terapia sexual psicodramática", Nilton Inacio do Nascimento explora esse olhar no campo prático psicodramático.

Outra questão abordada neste livro, por exemplo, é a subjetividade de pessoas LGBTQIA+ negras no Brasil, construída segundo uma lógica social que hipersexualiza, objetifica e violenta corpos negros, promovendo a ideia de sub-humanidade e inferioridade. Em "Afetividade, criatividade, comunidade e ancestralidade — Caminhos para a descolonização de subjetividades negras", Daniela Aparecida Cardoso da Silva discorre sobre esses processos e propõe resgates, assim como Alliny Araújo contribui para o ideal subjetivo feminino em "Papel de mulher — É possível exercê-lo com espontaneidade?" A necessidade de descolonizar os afetos pelo reexame do ideal de amor romântico é oportunamente proposta por Juliana dos Santos Soares em "Desconstruir o amor romântico — Por relações amorosas mais diversas e espontâneas".

Anna Cláudia Eutrópio examina um episódio ocorrido no Congresso Brasileiro de Psicodrama de 2020. Esse evento fatídico culminou em diversas discussões e evidenciou a necessidade de romper as construções lógicas que, no passado, colocaram as diversidades sexuais e de gênero no campo da patologia, mas persistem insidiosamente na práxis clínica. Apesar de a 10ª versão da Classificação Internacional de Doenças (CID-10), de 1992, despatologizar a homossexualidade e sua 11ª versão, de 2018, despatologizar a transexualidade, as explicações etiológicas de ambas no campo da psicologia e da psiquiatria são bem mais antigas. Muitas e muitos profissionais mantêm a cis-heteronormatividade nas suas explicações a respeito dos processos humanos, associando de algum modo homossexualidade e transexualidade a doença. Em 2012, o Royal College of Psychiatrists, maior associação psiquiátrica acadêmica do Reino Unido, publicou o texto a seguir em documento intitulado *Psychiatry and LGB people* [Psiquiatria e os LGB (terminologia da época)].

> Apesar de quase um século de especulação psicanalítica e psicológica, não existe evidência substancial que apoie a inferência de que a natureza da criação de filhos ou experiências na primeira infância desempenhem qualquer papel na formação da orientação fundamental heterossexual ou homossexual (Bell e Weinberg, 1978).
>
> Torna-se aparente que a orientação sexual é de natureza biológica, determinada por fatores genéticos (Mustanski *et al.*, 2005) e/ou pelo ambiente uterino inicial (Blanchard *et al.*, 2006). A orientação sexual não é, portanto, uma escolha, embora o comportamento sexual o seja claramente.

Alguns fatos parecem não provocar controvérsias: a identidade de gênero é autoatribuída (mesmo na infância) e o desenvolvimento da identidade de gênero não é um processo linear, ocorrendo de maneira constante, fluida, rígida ou flexível, sendo ela própria ressignificada no decorrer da vida. Cada pessoa nasceria, portanto, com um aparato biológico com o qual se assimilam experiências vividas no mundo externo, tornando-se mais ou menos significativas na formação identitária. Diane Ehrensaft (2012, p. 343) elucida o conceito de "criatividade de gênero", que se refere à "criação única de cada indivíduo a partir de um *self* de gênero que integra o corpo, o cérebro, a mente e a psique, o que, por sua vez, recebe influência da socialização e da cultura, para estabelecer seu gênero, identidade e expressões autênticos". No capítulo "Psicodrama, matriz de identidade e homofobia — Possibilidades de rematrização", Wesley Miranda Marques explora pressupostos psicodramáticos de modo mais afirmativo.

Na condição de profissionais que trabalhamos com a escuta da outra, precisamos estudar profundamente qual é esse nosso lugar de escuta. De modo semelhante ao conceito de lugar de fala trazido por Djamila Ribeiro (2019) — o qual propõe analisar de qual arcabouço vivencial, teórico e experiencial parte a fala de cada pessoa —, o lugar de escuta nos convida a reconhecer que existem filtros em nossa escuta e compreensão a respeito de outrem que nos limitam às nossas experiências de mundo e cosmopercepções. Daí o cuidado redobrado que precisamos ter quando analisamos os afetos, as relações sexuais e conjugais e os modos de vida de outrem. Muitos artigos deste livro propõem análises aprofundadas sobre comportamentos e possibilidades na diversidade sexual e de gênero sem reforçar a homonormatividade (conceito que privilegia ideais e construções heteronormativas na cultura e na identidade LGBTQIA+), tarefa complexa e muito bem executada pelas autoras e pelos autores convidados, sobretudo Maria da Penha Nery, em "Monogamia, poliamor e conservas culturais — O poder dos afetos", Paulo César Alves de Siqueira, em "Casamento a dois? Conservas culturais patriarcais no relacionamentos amorosos LGBTQIA+", e Claudia Clementi Fernandes, em "Amor em tempos de Grindr — Eternamente jovens? Eternamente belos? Eternamente solitários?"

Outro motivo de disputa é a própria sigla LGBTQIA+. Antes GLS, depois LGB, LGBT, LGBTI+ (utilizada pelo movimento social brasileiro), LGBTQIA+ (mais utilizada internacionalmente e adotada na última portaria do Conselho Regional de Psicologia de São Paulo (portaria n. 38/2023), LGBTQIAPN+ e outras. Quem define quem deve estar na sigla? Muitas letras causam desconforto por reduzir a pauta específica de cada uma, mas qual letra está por trás do "+"? De qualquer forma, é preciso ter um QI a mais para compreender que a sigla aumenta, cresce e, pasmem, se reproduz, pois reflete a necessidade de um olhar múltiplo e inclusivo sobre as diferenças. É preciso também um QI a mais porque são essas mesmas identidades (*queer*, intersexo, assexuais) que tridimensionalizam as próprias discussões colonizadas e binarizantes, propondo alternativas mais fluidas e menos conservadas.

Que cuidados devemos nós, psicodramatistas, levar em conta ao propormos vivências e intervenções psicodramáticas com pessoas e grupos diversos? Em "Conserva corporal — Via de acesso para a (des)colonização do coinconsciente", Laura de Souza Zingra Vomero nos lembra que seria interessante os psicodramatistas acreditarem ou atuarem "segundo uma prática atravessada pelo viés crítico, desviante e libertador" e dá pistas para (des)fazer gênero.

Nosso palco psicodramático pode ser o lugar de escuta e de transformação, não só de personagens, mas de pessoas, diretores, egos auxiliares, todos, todas, todes. Faz parte do nosso trabalho ter algum espaço interno para prestar assistência caso haja reações até agressivas de quem sente ou já sentiu muita dor pela violência da exclusão. Como não ficar na defensiva? Como não passar por cima da dor de outrem? Lendo, estudando, incluindo, fazendo, refazendo, vivendo, revivendo, vendo, revendo, experimentando, respeitando e conhecendo mais de si. Aproveitemos a possibilidade de nos colocarmos no lugar da outra — e que ela possa se colocar no lugar de tantas outras a ponto de chegarmos ao Encontro Moreniano fora dos palcos.

Ao término da escrita deste texto e da leitura desses artigos, já me sinto diferente. E você? Está preparade para ser diferente, estar na diferença e fazer diferença?

REFERÊNCIAS

EHRENSAFT, Diane. "From gender identity disorder to gender identity creativity — True gender self child therapy". *Journal of Homosexuality*, v. 59, n. 3, p. 337-356, 2012.

HARARI, Yuval Noah. *Sapiens — Uma breve história da humanidade*. Porto Alegre: L&PM, 2015.

OYĚWÙMÍ, Oyèrónkẹ́. *A invenção das mulheres — Construindo um sentido africano para os discursos ocidentais de gênero*. Tradução: Wanderson Flor do Nascimento. Rio de Janeiro: Bazar do Tempo, 2021.

RIBEIRO, Djamila. *Lugar de fala*. São Paulo: Pólen, 2019.

ROYAL COLLEGE OF PSYCHIATRISTS. *Psychiatry and LGB people*. Londres, 2012. Disponível em: https://www.rcpsych.ac.uk/docs/default-source/members/sigs/rainbow/rainbow-sig-rcpsych-response-human-sexuality.pdf. Acesso em: 10 out. 2023.

Apresentação

Maria da Penha Nery
Anna Cláudia Eutrópio
Laura de Souza Zingra Vomero

Criações coletivas (e livros com coletâneas de artigos) revelam a diversidade e a unidade como facetas de um mesmo processo. O livro que você tem em mãos constitui uma proposta questionadora.

Questionar é um dos primeiros passos para revermos as certezas absolutas, para avançarmos na desconstrução de "verdades" que anulam nossa subjetividade, nos tornam invisíveis e nos adoecem. Esse avanço nos leva ao passo seguinte no processo sócio-histórico de crítica e de autocrítica: desobedecer. E eis que as relações de poder na sociedade se reviram e os que não têm visibilidade passam a tê-la; os que não têm direitos os adquirem; os que estão marcados para morrer vivem!

As desobediências nos retiram da docilidade para com o tirano e suas verdades "verdadeiras", do corpo submetido, dos papéis sociais encharcados pela história de dominação, que nos trazem todos os tipos de misérias.

Este livro surgiu de questionamentos, inquietações e desobediências em relação ao que vivemos no Congresso Brasileiro de Psicodrama (CBP) de 2020 — que foi marcado por confrontos entre grupos e pessoas ligados às interpretações de teorias e de práticas que patologizam o ser e estar no mundo sendo diferente. Enfrentamos as patologizações e os preconceitos principalmente no campo das sexualidades, das relações amorosas, de gênero, raça e poder. Porém, o CBP abriu um espaço de cocriação, com a articulação de resistências e de coletivos engajados. Após essa experiência, Anna Cláudia Eutrópio e Maria da Penha Nery pensaram em elaborar um livro sobre os temas abordados no evento, uma obra escrita por profissionais que viveram intensamente aquele congresso e se aproximaram de ambas com suas dores e seus questionamentos. E, com muita honra, convidamos Saulo Vito Ciasca, especialista na área de sexualidades, para escrever o prefácio.

O grupo de autores se uniu em razão da necessidade teórica e prática psico e socioterapêutica de valorizar novas formas de vida e relações sociais pelas quais os dissidentes e as minorias políticas sejam cada vez mais incluídos na sociedade. São autores de diferentes regiões, com diversos vínculos com instituições psicodramáticas e maneiras de praticar nossa abordagem. Então, Anna e Penha convidaram a colega Laura de Souza Zingra Vomero para integrar a equipe de organizadoras do livro.

A produção do material utilizou a metodologia psicodramática. Criamos unidades funcionais para apoio e revisão dos capítulos. Em trios, cada unidade se debruçou sobre um "texto protagonista". Sugestões e estímulos foram feitos pelos "egos auxiliares" de escrita que compuseram a unidade funcional. Dessa forma, asseguramos um modelo de escrita com assistência coletiva. Definitivamente, esse processo facilitou o trabalho e o tornou menos solitário. Numa segunda etapa, as organizadoras releram os capítulos e fizeram contribuições para as(os) autores, que as consideraram até onde lhes pareceram necessárias. Todo esse procedimento foi combinado e acordado com o grupo de autores.

Cada autor teve a liberdade de escolher seu tema e criar o estudo (ou pesquisa) da sua prática psicodramática, segundo as suas escolhas de contribuições epistemológicas e filosóficas.

Os capítulos se articulam e se complementam, fornecendo relevantes revisões das práticas socioterapêuticas e psicoterapêuticas e para quem trabalha com pessoas e grupos.

Aproveite cada um dos capítulos, escritos para você com muito compromisso. Eles motivarão novos questionamentos e novos passos para nos instigar a desobediências criadoras.

1. A formação de psicodramatistas – Desobediências a partir do Congresso Brasileiro de Psicodrama de 2020

Anna Cláudia Eutrópio

Este capítulo pretende processar minha experiência no Congresso Brasileiro de Psicodrama (CBP) de 2020, partindo de minha atuação profissional. Encara o momento do CBP como atualização e discute a perspectiva epistemológica que alimenta atualmente os currículos dos cursos de formação de novos profissionais dessa abordagem. Propõe uma *queerização* dos processos formativos, pensando na radicalidade necessária para que a diversidade humana seja parte constituinte da formação e não apenas "tolerada" como fator exótico. Por fim, partilho algumas leituras que ampliam as possibilidades reflexivas.

AQUECIMENTO

O entendimento de que as brechas abertas por lutas atuais são usufruídas por pessoas do futuro é importante para mantermos a esperança cotidiana em nosso trabalho. Assim, pensar na formação de psicodramatistas a partir de um evento acontecido em 2020 é uma forma de esperançar. O que este artigo propõe fundamentalmente é: trabalharmos hoje por brechas que serão ocupadas e ampliadas no futuro.

Com a clareza de que o fluxo do tempo altera percepções e vivências, contarei como o CBP de 2020 me arrebatou por pertencer a esse movimento. Pode ser que quem leia este texto em 2050 estranhe esses acontecimentos.

Desde 2009, sou professora da disciplina Sexualidade e Relações de Gênero na pós-graduação do Instituto Mineiro de Psicodrama (IMPsi). Ao longo desse tempo, as aulas sobre os temas da sexualidade mudaram bastante, o que se deve a vários fatores: transformações sociais, nas pautas dos movimentos progressistas, na minha trajetória de estudo e nos interesses dos alunos. Em 2009, os temas da sexualidade e de gênero eram muito menos abordados do que atualmente. A aula consistia numa quase iniciação a esses assuntos. Hoje, os estudantes estão engajados e as discussões sobre psicologia, psicodrama e sexualidade encontram-se em outro patamar — e isso é maravilhoso. Inquieta com as novas perguntas feitas nos cursos afins, fui para o CBP de 2020 em busca de atualizações teóricas, pois entendo que congressos, encontros, seminários e eventos afins sejam oportunidades de formação continuada e desenvolvimento profissional. Encontrei um pouco disso, mas deparei também com retrocessos e tensões.

DRAMATIZAÇÃO E COMPARTILHAMENTO

2020, um ano que mudou tudo. Pandemia, covid, medo, mortes, dor, luto.

Com isso, o CBP foi totalmente *online*. Por ter sido essa a modalidade e o valor da inscrição mais acessível, mais pessoas se inscreveram. O próprio congresso foi considerado "menos elitista", com público mais diversificado.

A primeira atividade do CBP de que participei foi uma aula que versaria sobre a formação da identidade sexual e a homofobia, realizada no dia 5 de outubro, ainda no pré-congresso. Entrei para a aula superanimada, porque o tema me interessava e eu estava nesse momento de "assumir" essa abordagem mais fortemente, escrevendo e participando dos congressos. Fui com caderno para anotar e muito disposta a aprender.

A aula começou e fui ficando incomodada. Os argumentos eram na linha "causas da homossexualidade", "infância traumática com mãe fusionada gerando filho gay". Fiquei um tempo perplexa, esperando a desconstrução e a crítica a esses argumentos. Isso não aconteceu.

Discursos patologizantes disfarçados de científicos e postura professoral pouco aberta ao diálogo. Em determinado momento, afirmações absolutas, como se a ciência não fosse sempre um território em disputa. Sobretudo no campo da sexualidade, sabe-se que não há neutralidade e que o contexto histórico determina de forma definitiva as categorias passíveis de validação. Toda a luta pela despatologização da homossexualidade e das identidades trans estão aí para mostrar como os saberes são datados.

O grupo explodiu no *chat* e também no microfone. Aquilo não podia continuar. Estava tão preconceituoso e excludente, conservado ao extremo no pior sentido de conserva cultural. Várias pessoas começaram a falar e muitas relataram como se sentiam violentadas por aquele discurso. Jovens gays, lésbicas, trans que ali estavam declararam que não mais aceitariam ser violados daquela forma. Falaram de suas famílias e vivências, desconstruindo aquela visão patologizadora que buscava a causa da homossexualidade. Foi muito doloroso. Um trauma que não se esperava viver num congresso, entendido como um espaço de atualização profissional.

Importante destacar também o contexto político que vivíamos em 2020. Era o governo de Jair Bolsonaro e as discussões sobre "cura gay" continuavam acirradas[1], bem como prosseguiam as inúmeras violações de direitos da população LGBTQIA+. As coisas que eram ditas naquela aula, num congresso em 2020, pareciam uma distopia. O incômodo foi enorme. A certa altura, abordou-se essa invenção conservadora denominada "ideologia de gênero". Apresentaram-se argumentos que circulam em grupos de extrema direita, afirmando que existe "uma manipulação para que crianças não saibam o que é homem ou mulher". Tais argumentos invalidam as iniciativas de discussão de gênero e sexualidade no ambiente escolar sem conhecimento do campo, produzindo silenciamento e preconceito. Esse ponto foi o meu limite de tolerância.

Há anos trabalho com educação em sexualidade. Há anos milito por um debate educativo de gênero e sexualidades nas escolas. Estar num congresso e escutar sobre "ideologia de gênero" como se estivesse num espaço religioso e não científico foi o transbordamento pra mim. Lembro que argumentei em defesa da importância de que a discussão sobre sexualidade seja mediada em ambientes educativos e da quantidade de violações de direitos que isso evitaria. Entrei em debate. Já não

[1] O artigo maravilhoso de Devanir Merengué apresentado nesse congresso falava exatamente da necessidade de discutirmos a "cura gay". Lembremos que Rozangela Justino, a psicóloga que propôs tal cura, costumava se apresentar como "psicodramatista".

recordo exatamente o que eu disse, mas lembro na carne o que senti: um misto de revolta, impotência, potência, fúria, responsabilidade, tristeza...

Era segunda-feira, primeiro dia daquela semana de congresso. Era só o começo.

Fiquei muito agitada e participei de todas as atividades seguintes e de todas as mobilizações e plenárias derivadas da repercussão da aula citada. Essas atividades, realizadas a pedido da maioria dos participantes, culminaram com um manifesto da Federação Brasileira de Psicodrama (Febrap) contrário à ocorrência de homofobia e racismo. Não foi uma semana fácil, nem apenas um congresso, mas uma avalanche de afetos, mobilizações, articulações, posicionamentos, alianças.

Várias aulas, vivências e plenárias foram tomadas pela discussão sobre os temas da diversidade e sobre o posicionamento que nossa abordagem adotaria na condição de teoria, metodologia e, ainda, movimento.

Várias tensões históricas foram revisitadas e visibilizadas. Discutiu-se o machismo no movimento, pelo qual, em muitos congressos anteriores, as grandes estrelas foram homens. Discutiu-se o motivo de o centro de nossa abordagem se encontrar em São Paulo e outros estados serem subalternizados, marcadamente os do Nordeste, do Norte e do Centro-Oeste. Discutiu-se raça e racismo e o menosprezo dos brancos pelas questões raciais. Foi uma explosão contemporânea, de questionamento do *statu quo* e de luta para que o movimento psicodramático se repensasse e se reposicionasse.

A conjuntura ampliada também contribuía: crescimento da extrema direita, líderes populistas, aumento das desigualdades, crise climática, pensamento eurocêntrico questionado pelo pensamento decolonial, discussões antirracistas fortalecendo-se. Tensão e disputa; narrativas em revisão; a juventude no CBP. O que faremos com isso?

Essas eram as perguntas que nos ocupavam naquele momento: quais seriam os rumos do movimento e a responsabilidade e o compromisso ético-político de todos nós, trabalhadores da área?

O CBP de 2020 foi um acontecimento que escancarou a necessidade de atualização, mudança, espontaneidade e criatividade. As conservas estavam cristalizadas. A conserva cultural é "o produto final e o início de algo novo, oscilando para a frente e para trás, como um pêndulo" (Moreno, Blonkvist e Rützel, 2001, p. 35). Diante das conservas congeladas e ultrapassadas, tornava-se necessário posicionar um psicodrama que contemplasse a luta por justiça. Esses foram o desejo e a utopia que nos moveram após o congresso e se concretizam neste livro, em que pretendemos sistematizar alianças e saberes mobilizados naquela ocasião.

O CBP de 2020 tensionou várias coisas. As vozes que se levantaram contra uma conserva cultural que inibia e aprisionava a criatividade e a espontaneidade alteraram o fluxo das coisas. Um congresso que foi online, menos elitista e, talvez por isso, mais diverso e mais jovem. Novas forças entraram nas cenas das disputas discursivas. Houve criação a partir da conserva. Houve mobilização, encontro, amizades se construíram e propostas de ação também. Estávamos isolados em casa, mas nos unimos em ambiente virtual pelo psicodrama renovado, crítico, contemporâneo, decolonial. Vários nomes possíveis para explicar uma sensação: é preciso atualizar.

Pessoalmente, esse congresso foi um marco na minha história profissional. Depois dele, senti-me responsável no movimento. O evento fortaleceu meu compromisso de ensinar de uma forma ainda mais condizente com um projeto de sociedade inspirado na socionomia.

Compreendendo a relação entre o que acontece nos pequenos grupos e o contexto mais amplo, conforme afirma Moreno, é preciso enumerar alguns macroconflitos que constituíam o contexto sócio-histórico para refletir sobre eles.

Questões com as instituições

Há um tensionamento social com as instituições, que se evidenciou no congresso com críticas à Febrap como organizadora do movimento psicodramático. Reivindicou-se a possibilidade de o interessado se vincular como pessoa física independente, desvinculado de uma federada. É como se esse ato significasse autenticidade e criatividade.

Hoje, é preciso que o profissional seja filiado a uma federada, a qual deve ser filiada à Febrap. Houve um momento em que as palavras de ordem diziam "ser psicodramatista pelo CPF e não por um CNPJ". Também no campo das disputas institucionais, ficaram evidentes no congresso as lutas internas pela validação ou não de diferentes estratégias formativas, o impacto da modalidade online nas possibilidades de formação e as disputas territoriais. Várias eram e continuam sendo as tensões com relação à "institucionalidade" do psicodrama.

Juventude tensionando a norma

O fato de o congresso ter ocorrido em ambiente online e durante uma crise sócio-histórico-política pode ter provocado opiniões favoráveis à horizontalização e ao fortalecimento dos debates e ao questionamento dos cânones então vigentes. Estavam lá perguntas sobre quantas mulheres têm tido voz, quantas autoras negras temos lido, que vozes têm sido ouvidas ou qual era o posicionamento diante da gestão da pandemia pelo governo Jair Bolsonaro. O caldeirão estava fervendo. Um psicodrama político, posicionado. Há consenso? Há espaço para negociação? Há negociação possível com a extrema direita? Nosso futuro será guerra e extermínio? Quais vidas podem ser vividas? Quem será morto pela necropolítica? Qual é o compromisso dos morenianos diante disso?

Diferentes corpos

Esse foi um paradoxo no congresso. Como o ambiente era online, os corpos praticamente se igualavam nas telas, mas eram mais diversos. E essa diversidade foi explicitada em cada audiodescrição apresentada. A audiodescrição, oficialmente implantada para incluir as pessoas com deficiência, ofereceu a oportunidade de afirmar a diversidade. Todas as pessoas tinham de se descrever, e precisavam explicitar seu pertencimento racial, por exemplo. Era necessário que uma pessoa branca explicitasse isso. Num mundo racista em que a branquitude não se pensa em termos raciais, esse foi um tensionamento interessante. Os corpos apareciam nas telas e se expressavam. A dança foi outra nesse congresso. O palco não era mais dos homens cis brancos; era horizontal, colorido.

As sexualidades (no plural) presentes

Não dava mais para suportar um discurso que pretendia impor uma única sexualidade. E toda a "revolução" feita, com cancelamento de programação para abrir uma plenária de discussão do que aconteceu no congresso, revelou que algumas coisas não voltam atrás. Não há como empurrar gente para o armário com um discurso pseudocientífico de uma psicologia individualizante, europeia, de outro período histórico. Deve-se considerar que os saberes são localizados, como dizia Donna Haraway (2015), e que serão rejeitadas as tentativas de produção de um saber prescritivo de suposta universalidade. No movimento socionômico contemporâneo não se alimentará a universalidade do sujeito. Assim como na internet se diz que "machistas não passarão", no psicodrama o clima é de "preconceituosos não passarão", "universalistas não passarão", "psicologia individualizante e essencializante não passará".

E depois disso tudo, como fica o psicodrama? Que caminhos ele trilhará? Por quais brechas? Em quais possibilidades? É disso que quero participar.

PROCESSAMENTO

Para atualizar, é necessário pensar a forma como nossa área de estudo tem formado novos psicodramatistas e como os antigos profissionais estão se revendo. Não é uma questão de novos *versus* antigos. Não se trata de um conflito de gerações. É um posicionamento. Para isso, é preciso fazer algumas reflexões.

Apresentarei a seguir considerações nascidas de discussões sobre currículo e educação em sexualidade que ajudam a pensar também a abordagem.

Guacira Lopes Louro, ex-professora da Faculdade de Educação da Universidade Federal do Rio Grande do Sul (UFRGS) e pesquisadora na área de gênero, sexualidade e educação, contribui com ensaios sobre a teoria *queer* e sua aplicação na discussão de currículos na educação. Acionei esse saber por compreender que o CBP de 2020 significou um tensionamento. Se parto do pressuposto de que o CBP é um evento de ensino, aprendizagem, troca e atualização da comunidade psicodramática, posso considerar o que acontece ali uma amostra do que ocorre em cada federada e escola de formação do país. Analisar os conhecimentos e os acontecimentos dos congressos talvez seja uma maneira de leitura do "currículo oficial" do psicodrama brasileiro. Partindo disso, esse congresso mostrou que é preciso rever o que se canonizou como currículo e o que se deve incluir. A mudança epistemológica proposta pelos estudos *queer* me parece uma luz a ser lançada.

> Segundo os teóricos e as teóricas *queer*, é necessário empreender uma *mudança epistemológica* que efetivamente rompa com a lógica binária e seus efeitos: a hierarquia, a classificação, a dominação e a exclusão. Uma abordagem desconstrutiva permitiria entender a heterossexualidade e a homossexualidade como interdependentes, mutuamente necessárias e integrantes de um mesmo quadro de referências. A afirmação da identidade implica sempre a demarcação e a negação do seu oposto, que é constituído como sua diferença. Esse "outro" permanece, contudo, indispensável. A identidade rejeitada é constitutiva do sujeito, fornece-lhe o limite e a coerência e, ao mesmo tempo, assombra-o com a instabilidade. Numa lógica desconstrutiva, seria demonstrada a mútua implicação e constituição dos opostos e se passaria a questionar os processos pelos quais um modo de sexualidade (a heterossexualidade) acabou por se tornar a norma, ou, mais do que isso, passou a ser concebida como "natural". (Louro, 2004, p. 45-46, grifos meus)

Incluir a ruptura da lógica binária na compreensão da sexualidade e desvelar a maneira como algumas vivências se tornaram a "norma" talvez seja um caminho para as discussões socionômicas. Não só na sexualidade — esta pode ser lanterna para abordar outros campos. Desconstruir os binarismos e suas consequências: dominação, hierarquização, opressão, exclusão. Essa forma de desconstrução dá uma resposta ao discurso vivido naquela aula do CBP, que naturalizava os processos de produção de identidade e diferença, patologizando vivências da sexualidade que não se enquadrassem na heteronormatividade compulsória.

Uma mudança epistemológica. Uma mudança na maneira de conhecer. Para Louro (2004, p. 47), "a teoria *queer* permite pensar a ambiguidade, a multiplicidade e a fluidez das identidades sexuais e de gênero, mas, além disso, também sugere novas formas de pensar a cultura, o conhecimento, o poder e a educação".

Pensar a cultura, o conhecimento, o poder e a educação de outra forma. Pensar a socionomia e seus profissionais de outra forma. Que poderes atravessam o momento presente de nossa abordagem? Há ambiguidade e multiplicidade? As fronteiras estão sendo alargadas? Ou há estreitamento e opressão disfarçada?

Que epistemologia esteve presente naquela aula do CBP 2020? Que psicodrama esteve ali representado? A busca de respostas da "causa da homossexualidade" num campo psi se presta a qual papel? Talvez as discussões de Paul Preciado (2022) sobre as diferenças sexuais possam nos dar algumas pistas. Ao problematizar a naturalização das diferenças sexuais, Preciado argumenta que

> [...] o regime da diferença sexual que as senhoras e os senhores consideram como universal e quase metafísico, sobre o qual repousa e se articula toda teoria psicanalítica, não é uma realidade empírica, nem uma ordem simbólica fundadora do inconsciente. Não é nada mais que uma epistemologia do ser vivo, uma cartografia anatômica, uma economia política do corpo e uma gestão coletiva das energias reprodutivas. Uma epistemologia que se forja junto com a taxonomia racial no período de expansão mercantil e colonial europeia e se cristaliza na segunda metade do século XIX. Essa epistemologia, longe de ser a representação de uma realidade, é uma máquina performativa que produz e legitima uma ordem política e econômica específica: o patriarcado heterocolonial. (p. 49)

Patriarcado heterocolonial que produz determinada ordem política. Ao se apresentar em um congresso do campo psi um discurso que patologiza a diferença, a "máquina performativa" do saber produz exclusão. Não é neutralidade: é mortandade. Uma forma de perceber, nomear, explicar que produz sofrimento e dor.

Diz Preciado (2022, p. 51): "Uma epistemologia é um fechamento do nosso sistema cognitivo que não apenas dá respostas às nossas questões, mas que define as próprias questões que podemos nos colocar em função de uma interpretação prévia dos dados sensoriais".

Quais são as formas de perceber o mundo e interpretar a socionomia atual?

As inquietações sobre o risco de perder a aposta nas possibilidades criativas e espontâneas da abordagem por sermos cooptados por uma epistemologia classificatória patologizante deveriam atravessar o nosso movimento brasileiro. Moreno trabalhou para diminuir a lógica excludente que organizava a psiquiatria quando criou nossa abordagem... e o risco das exclusões vai só se atualizando tanto na sociedade como na própria comunidade psicodramática!

A esperança desponta para a formação dos novos psicodramatistas. Como se pode perceber, a militância presente nesse texto (e na minha atuação cotidiana) se centra nos currículos das formações. Como pautar um currículo que problematize as epistemologias classificatórias e se torne mais *queer*? Como fortalecer espaços de problematização que desconstruam lógicas binárias e explicitem as disputas dessas construções?

> Ao se dirigir para os processos que produzem as diferenças, o currículo passaria a exigir que se prestasse atenção ao jogo político aí implicado: em vez de meramente contemplar uma sociedade plural, seria imprescindível dar-se conta das disputas, das negociações e dos conflitos constitutivos das posições que os sujeitos ocupam. (Louro, 2004, p. 48-49)

Disputas e negociações. Conflitos e tensões. Sem ilusões de harmonia, mas enfrentando os desconfortos. Estamos prontos para isso?

Precisamos superar os currículos que tentam apenas "tolerar" a diferença; incluir de maneira perversa — para usar o termo empregado por Bader Sawaia (2004) — sem de fato problematizar as estratégias que produzem a exclusão. Louro continua nos ajudando a pensar, evidenciando o risco de "programas multiculturais bem-intencionados", que, no fundo, não tensionam a norma, mas apenas se incluem como exotismo. Trata-se de um risco que observamos no psicodrama. A inclusão serve para descontruir e apoiar os tensionamentos ou só para fingir uma representatividade?

> Uma pedagogia e um currículo *queer* se distinguiriam de programas multiculturais bem-intencionados, em que as diferenças (de gênero, sexuais ou étnicas) são toleradas ou apreciadas como curiosidades exóticas. Uma pedagogia e um currículo *queer* estariam voltados para o processo de produção das diferenças e trabalhariam, centralmente, com a instabilidade e a precariedade de todas as identidades. (Louro, 2004, p. 48)

Instabilidade e precariedade de todas nós. Instabilidade e precariedade como constância. A constância da instabilidade e da precariedade das certezas. E, com isso, a possibilidade de sempre nos revermos sem canonizar ou conservar. Será que daremos conta disso como psicodramatistas?

Para mim o que tem feito sentido é pensar o currículo da socionomia e repensar meu papel de professora nessa área. Eu me pergunto se a minha militância será para que uma disciplina como Gênero e Sexualidade seja obrigatória nos cursos de formação. Seria esse um caminho? Os temas da sexualidade vão emergir em todas as aulas, como já aprendemos nas discussões sobre a educação sexual e o currículo da educação básica. É um tema transversal que vai aparecer, mas será visibilizado ou silenciado? Numa aula de "metodologia de pesquisa" em que aparecer um tema da sexualidade, isso será ignorado ou irá para a roda para problematização? E será que todas/es professoras/es se posicionam de maneira crítica e ética nessa discussão? Até onde o silêncio é para tapar o próprio preconceito? Até onde é medo do que pode emergir? E será que o medo também não faz parte da cena? Daremos conta disso?

Partilhando leituras

Certas leituras me inspiram e me ajudam a pensar em como alargar as brechas na formação de psicodramatistas. Partilho algumas a seguir.

bell hooks

A chamada *teaching trilogy* é uma leitura importante para professoras. São três livros: *Ensinando a transgredir* (2017), *Ensinando pensamento crítico* (2020) e *Ensinando comunidade* (2021a). hooks é uma boa "fertilização"[2] (contribuição da filosofia e de teorias de outras áreas para o desenvolvimento do psicodrama), usando o termo que aprendi com Heloisa Fleury e Marlene Magnabosco Marra. *O feminismo é para todo mundo* (2018) e *Tudo sobre o amor* (2021b) também são imperdíveis. hooks é aquela autora que você lê e chora. Eu devoro os livros dela e sinto tanta verdade e beleza. Foi minha referência teórica no doutorado, e sei que isso fez muita diferença no meu engajamento com a escrita da tese. Escrever com hooks ao meu lado foi possível e prazeroso.

Guacira Lopes Louro

É uma referência importante e potente. O livro *O corpo educado* (2018) é um clássico que precisa ser lido. É imprescindível o livro dela que usei neste capítulo, *Um corpo estranho* (2004).

Rebecca Solnit

Seus ensaios iluminam a reflexão sobre o cotidiano. O mais famoso é o *Os homens explicam tudo para mim* (2017b). A partir dele se discutiu o *mansplaining*. E, como nós feministas bem sabemos, ao ser nomeado, um fenômeno se torna passível de intervenção. Também gosto muito de *A mãe de todas as perguntas* (2017a), que faz uma discussão bacana sobre o imperativo da maternidade. Os livros de Rebecca Solnit têm me inspirado a pensar na relação entre feminismo e história.

[2] Oficina "Psicodrama e Fertilização Cruzada", de que participei no CBP (2022), em São Paulo.

Djamila Ribeiro
A filósofa tem desempenhado um papel muito importante na formação e na produção de saberes. Gosto muito dos livros *Quem tem medo do feminismo negro?* (2018), *Pequeno manual antirracista* (2019) e *O que é lugar de fala* (2017). Ela escreveu vários outros, e vale a pena acompanhá-la.

Chimamanda Ngozi Adichie
Uma paixão. Ela fez duas palestras da TED que depois viraram livros, e vale lê-los. Um é *Sejamos todos feministas* (2015); o outro, *O perigo de uma história única* (2019) — imperdíveis. Adoro *Para educar crianças feministas* (2017b) e, de seus livros de ficção, recomendo fortemente *Americanah* (2014) e *No seu pescoço* (2017a).

João Nery
Uma viagem solitária (2019) é outro livro que indico com gosto. Uma autobiografia linda, com a experiência da transexualidade relatada e vários retalhos da vida marcados.

Marco Aurélio Máximo Prado
Sobre transexualidade, também recomendo o livro *Ambulare* (2018), gratuito e disponível no site da Universidade Federal de Minas Gerais (UFMG).

Júlia Maria Casulari Motta
Psicodrama brasileiro (2008), livro importante para compreender as tensões históricas no movimento e o papel dos CBPs na eclosão delas.

FECHANDO TEXTOS, ABRINDO POSSIBILIDADES

O caminho segue. O psicodrama segue. Eu sigo.

Sigo com alívio por escrever, com certeza da potência, com alegria de estar junto.

O texto segue. O livro voa.

O coletivo se articula. Os saberes se partilham.

Alianças se criam. Medos se dissipam.
Palavras se acasalam.
Movimentos se improvisam.
Velocidades se alteram.
Possibilidades germinam.

REFERÊNCIAS

ADICHIE, Chimamanda Ngozi. *Americanah*. Tradução: Julia Romeu. São Paulo: Companhia das Letras, 2014.

______. *Sejamos todos feministas*. Tradução: Cristina Baum. São Paulo: Companhia das Letras, 2015.

______. *No seu pescoço*. Tradução: Julia Romeu. São Paulo: Companhia das Letras, 2017a.

______. *Para educar crianças feministas*. Tradução: Denise Bottmann. São Paulo: Companhia das Letras, 2017b.

______. *O perigo de uma história única*. Tradução: Julia Romeu. São Paulo: Companhia das Letras, 2019.

HARAWAY, Donna. "Saberes localizados — A questão da ciência para o feminismo e o privilégio da perspectiva parcial". Tradução: Mariza Corrêa. *Cadernos Pagu*, Campinas, n. 5, p. 7-41, 2015. Disponível em: https://periodicos.sbu.unicamp.br/ojs/index.php/cadpagu/article/view/1773/1828. Acesso em: 15 out. 2023.

HOOKS, bell. *Ensinando a transgredir — A educação como prática da liberdade*. Tradução: Marcelo Brandão Cipolla. São Paulo: WMF Martins Fontes, 2017.

______. *O feminismo é para todo mundo — Políticas arrebatadoras*. Tradução: Ana Luiza Libânio. Rio de Janeiro: Rosa dos Tempos, 2018.

______. *Ensinando pensamento crítico — Sabedoria prática*. Tradução: Bhuvi Libanio. São Paulo: Elefante, 2020.

______. *Ensinando comunidade — Uma pedagogia da esperança*. Tradução: Kenia Cardoso. São Paulo: Elefante, 2021a.

______. *Tudo sobre o amor*. Tradução: Stephanie Borges. São Paulo: Elefante, 2021b.

LOURO, Guacira Lopes. *Um corpo estranho — Ensaios sobre sexualidade e teoria queer*. São Paulo: Autêntica, 2004.

______. *O corpo educado — Pedagogias da sexualidade*. São Paulo: Autêntica, 2018.

MORENO, Zerka T.; BLONKVIST, Leif Dag; RÜTZEL, Thomas. *A realidade suplementar e a arte de curar*. São Paulo: Ágora, 2001.

MOTTA, Julia Maria Casulari (org.). *Psicodrama brasileiro — História e memórias*. São Paulo: Ágora, 2008.

NERY, João W. *Viagem solitária — Memórias de um transexual 30 anos depois*. São Paulo: Leya, 2019.

PRADO, Marco Aurélio Máximo. *Ambulare*. Belo Horizonte: PPGCom/UFMG, 2018. Disponível em: https://seloppgcomufmg.com.br/publicacao/ambulare/. Acesso em: 16 out. 2023.

PRECIADO, Paul B. *Eu sou o monstro que vos fala — Relatório para uma academia de psicanalistas*. Tradução: Carla Rodrigues. Rio de Janeiro: Zahar, 2022.

RIBEIRO, Djamila. *O que é lugar de fala?* Belo Horizonte: Letramento, 2017.

______. *Quem tem medo do feminismo negro?* São Paulo: Companhia das Letras, 2018.

______. *Pequeno manual antirracista*. São Paulo: Companhia das Letras, 2019.

SAWAIA, Bader. "Exclusão ou inclusão perversa?" In: SAWAIA, Bader (org.). *As artimanhas da exclusão — Análise psicossocial e ética da desigualdade social*. Petrópolis: Vozes, 2004.

SOLNIT, Rebecca. *A mãe de todas as perguntas*. São Paulo: Companhia das Letras, 2017a.

______. *Os homens explicam tudo para mim*. São Paulo: Cultrix, 2017b.

2. Conserva corporal — Via de acesso para a (des)colonização do coinconsciente

Laura de Souza Zingra Vomero

Corpo-rio

Um corpo.
(Des)caminhos.
(Des)afetos.
(Des)continuidades.
Rio interno que corre dentro de outro rio,
que corre dentro de outro e de outro.
Um corpo que não pode ser corpo.
Não pode, não pode e não pode.
O que é o corpo,
senão uma forma amontoada de experiências, desejos, sentimentos e água?
Tem o corpo de dentro e o corpo de fora.

O corpo de dentro tem o subjetivo violentado, devastado e envenenado pela colonialidade.
Seca a terra, mata a terra, rouba a terra; a água, o tesão e a alma.
Arranca da sua infertilidade falsos desejos e alimentos mortíferos,
com gosto de culpa, vigilância e amargura.

O corpo de fora permitirá ter uma vida vivível ou não.
E, sobretudo, vida vivível está longe de ser uma vida consciente e libertadora.
Aproxima-se mais de uma vida normótica e obediente,
quem pode viver e quem deve morrer.

É que não viver a vida e, portanto, não cometer pecados
garantirá ao corpo um bom lugar após a morte.
É quase como comprar uma passagem de primeira classe.
Mas, para entrar no céu,
o corpo paga com o próprio corpo.
Pagar com o próprio corpo é não cair nas tentações do pecado.
É não viver e não desviar da norma.
É ser uma mulher cisgênero obediente,
é se casar, ser boa esposa e boa mãe.
É jamais desejar alguém fora do casamento.
É punir-se, caso um dia se pegue sonhando — acordada ou não — beijando outra pessoa…
Levando outra vida… a sua vida.
É ser magra, bonita, educada, boazinha, paciente e ótima ouvinte.

Um corpo não desviante é um corpo não resistente.
Um corpo dócil e fácil de agradar.
Um corpo-não-rio.
Um açude feito para reter litros de desejos,
amores, espontaneidade e criatividade.
Um corpo fabricado para ser um corpo-não-rio,
feito de cursos d'água.
Um corpo-barragens.
(Des)inundando-se de si, decomposto e inerte.
Águas paradas, sonhos parados e desejos parados.
Poço de ressentimento abastecido pela conserva colonial.

Querem o corpo parado!

É que movimento é quebra, combate e desobediência.
É respiro correndo por entre as rachaduras do açude.
De repente,
lembra-se da sua força criadora.
O peito inspira mais profundo e…

Transcende a barragem.
Um corpo vivo.
Inundado de si.
Um corpo-resistência, fora da norma, mas tão artificial quanto.
Uma (des)fazedora de gênero, imoral e faminta.
Que não aceita nascer da costela,
quer nascer de si mesma.
Um corpo cada vez mais vivo e
renascido a cada fronteira cruzada.

Laura de Souza Zingra Vomero

PSICODRAMA: A ARTE DE TECER DESVIOS

Esse poema apresenta conceitos e reflexões que serão discutidos ao longo deste texto. Uma das incumbências da arte é tocar e transformar subjetividades, e, como cada existência é uma infinitude, um poema pode ser sentido e/ou interpretado de infinitas maneiras. Ao contrário do sistema de monoculturas da ideologia colonial (Núñez, 2021), a arte se faz múltipla. Mesmo aqueles(as) que a utilizam como instrumento de opressão e controle jamais conseguirão impor uma única maneira de afetar um corpo por meio dela. São as brechas de passagem para desaguar a nossa potência criativa, as quais todo corpo carrega em forma de resistência, mesmo que inconsciente.

Que o poema possa inspirar aquelas e aqueles que o leem a encontrar suas próprias águas e desejos, provocar respirações profundas para destrancar aquilo que foi reprimido e perdido pela necessidade de obedecer a uma vida normótica[1]. Um resgate de si, por algo esquecido — como uma música nunca mais ouvida — ou para abrir caminhos àquele desejo escondido. Fica o convite para se redescobrir, reinventar e se inundar de águas outrora barradas pela lógica social da hegemonia, que dita como um corpo pode viver (ou deixar de viver).

[1] "Normose" é um termo proposto por Pierre Weil, Jean-Yves Leloup e Roberto Crema (2014) para enfatizar a importância premente de transcender as lógicas sociais da normalidade. Refere-se a opiniões, atitudes, comportamentos e hábitos que são socialmente consensuais, porém prejudiciais em diferentes graus de intensidade.

Um convite para uma busca de autoconhecimento, sem pressa, sem bloqueio; aceitando o fluxo, o próprio fluxo — por vezes dolorido.

Há quem chame o psicodrama de arte, sendo impossível invalidar tal ideia; a revolução criadora moreniana se aproxima mais da função genuína e libertadora das diversas formas de expressão linguística e artística do que dos modos conservados de atuação clínica — o que torna a abordagem desviante, pois não existe espontaneidade e criatividade dentro da norma. Esse importante conceito psicodramático (E-C) renova nosso potencial criativo, reestruturando nossas condutas com o objetivo de libertar-nos das amarras que nos violentam ou nos adoecem nas relações.

Assim como alguns utilizam a arte para oprimir, nem todas(os) as(os) psicodramatistas acreditam ou atuam segundo uma prática atravessada pelo viés crítico, desviante e libertador. Como também não podemos descartar a existência do mau uso teórico-metodológico psicodramático por falta de estudo ou pelas próprias artimanhas da cultura empresarial e individualista do neoliberalismo.

Denominar arte e psicodrama aquilo que aliena é tão dissimulado quanto caracterizar o corpo cisnormativo de correto e natural. A desinformação atua como dispositivo de controle, sendo um dos alicerces para que as relações de poder se mantenham intactas. Haja coragem para escolher o desvio, para escolher a si mesma(o), atravessar na incerteza e saltar no abismo. Porém, o desconhecido sempre fez parte da nossa história de vida, e, mesmo que misterioso e inexplorado, ele nos é bastante íntimo. Querendo ou não, estamos sempre seguindo na sua direção. Viver é arriscar e lembrar que temos asas para voar.

Retomemos a ideia do lugar desviante do psicodrama. Moreno, na sua história de vida, assumiu com frequência comportamentos que rompiam com os valores de ordenamento moral e social da sua época, criando, também, uma prática psiquiátrica desviante do *modus operandi* então vigente. Em seus estudos, Aldo Rezende de Melo (2015) atribui ao psicodrama a possibilidade de pensarmos (e atuarmos) por meio de uma clínica-política de produção de desvios e inclinações. O autor compreende que a nossa fundamentação teórico-prática facilita a atuação de psicodramatistas em uma clínica desviante, a qual não se forma, mas se reinventa mutante a todo momento como espaço que continua provocando desvios e seu *ethos* dionisíaco[2] de cuidado.

Debruçamos o corpo-ideia sobre este corpo-texto para continuarmos reinventando e desviando a nossa teoria, para que o psicodrama fortaleça aquelas(es) que se entendem corpos em trânsito (Corrêa, 2020) ou dentro das transgeneridades, transpassando as conservas coloniais seculares (que atuam junto aos dispositivos de controle social e de sexualidade) ao cruzar fronteiras e escapar da sujeição do regime binário de gênero.

Moreno criou uma teoria, uma prática e uma ciência que se interessa pelo debate ético e ideológico, sendo impossível ocupar o campo da neutralidade política. Tal qual assinala Andrea Côrrea (2020), conceitos como conserva cultural, papel social e espontaneidade-criatividade expressam uma crítica e um posicionamento político. Mas, considera a autora, trata-se de ideias que também necessitam ser ressignificadas.

Mesmo que Moreno tenha sido vítima de perseguições supremacistas antissemitas e tenha optado por seguir um caminho desviante, essas circunstâncias não anularam o seu lugar de privilégio hierárquico exercido nas relações de poder. Foi um homem branco, cisgênero, heterossexual e criador de uma ciência que nasceu na Europa e teve sua segunda fase desenvolvida nos Estados Unidos. Na abertura do 21º Congresso Brasileiro de Psicodrama (Fortaleza, 2018), Jonathan D. Moreno denunciou rapidamente o machismo do pai. Mesmo consciente dos aspectos morais, políticos e sociais existentes num grupo subalternizado, Moreno concebeu uma teoria sem grandes comprometimentos conceituais perpassados por gênero, classe, raça e sexualidade. Mas nos deixou solo fértil, pistas e total abertura fenomenológica para

2 "*Ethos* dionisíaco" é um conceito elaborado por Melo (2015) para se referir ao caráter desestabilizador, disruptivo e desviante, concedendo a possibilidade de se reinventar a vida e se fomentarem desvios no conhecimento e nas práticas psicodramáticas. Esse conceito nasceu da interlocução das referências teórico-conceituais de Jacob L. Moreno, Gilles Deleuze, Eduardo Passos e Regina Benevides Barros, Antonin Artaud e Bertold Brecht.

prosseguir desviando, descolonizando e amefricanizando[3] a socionomia e os métodos terapêuticos de ação. O sociodrama, por exemplo, tanto explora quanto trata as tensões emergidas em meio a ordens culturais distintas (Moreno, 1975), o que nos mostra a preocupação do teórico com a busca de uma realidade mais justa, télica e de maior equidade.

Segundo Andrea Corrêa (2020), Moreno não compartilhava do moralismo judaico-cristão, mas é impossível negar a herança colonial que observamos em sua criação, a qual ainda vigora no meio psicodramático, como alguns conceitos e determinadas formas de ver o mundo de maneira universal. Assim como Paul B. Preciado (2022a) critica a psicanálise, na socionomia também existem textos e práticas que abordam o poder discursivo de um tipo específico de animal: o "animal necropolítico". Esse termo, utilizado pelo filósofo, denuncia o fato de que frequentemente o animal necropolítico se passa por "humano universal" — o homem branco, superior, cisgênero, cristão, sem deficiência e heterossexual. O psicanalista não inferioriza os animais; ao contrário, nos lembra do nosso lugar no reino animal e, talvez, do nosso delírio ocidentalizado de hierarquia e superioridade diante da natureza.

O universalismo sufoca, devasta e assassina determinadas existências, sendo inconcebível tal utilização num entendimento fenomenológico, uma vez que a fenomenologia não recorre a classificações teóricas e metodológicas genéricas para categorizar as pessoas (Vomero, 2022). O padrão universal é singular e aniquila a diversidade, fazendo parte do modelo ideológico colonial de monoculturas. De acordo com Geni Núñez (2021), a monocultura pode ser pensada de acordo com alguns eixos: a monocultura da fé (monoteísmo cristão), a monocultura da

[3] A categoria político-cultural de amefricanidade foi criada pela antropóloga Lélia Gonzalez (2018). Ela enfatiza a importância de desenvolver uma identidade étnica por meio da assimilação de práticas culturais que desafiem o sistema de opressão conhecido como racismo. A pensadora e ativista do feminismo negro argumenta que é crucial abandonar uma compreensão distante e idealizada da África; ao contrário, é preciso enfocar a realidade vivida no continente americano, reconhecendo sua influência na formação cultural e valorizando as estratégias desenvolvidas aqui para resistir à dominação colonial.

sexualidade (monossexismo), a monocultura dos afetos (monogamia) e a monocultura da terra. O unitário, para a autora, antagoniza o próprio princípio da floresta — o de ser múltipla. Podemos pensar também na monocultura do corpo como eixo encarregado da exclusão e do extermínio de corpos que antagonizem o animal necropolítico, representante da norma universal.

É importante que nos aproximemos do conceito de necropolítica antes de seguirmos tecendo esse desvio. O termo foi criado para denunciar a forma de política que inflige a morte a determinadas pessoas. Tal soberania decide quem pode viver e quem deve morrer. Achille Mbembe (2022) compreende a sociedade como um corpo suicidário que elimina a si próprio por meio de técnicas de violência e de morte.

O PSICODRAMA DO DEUS MORTO

Não queimem as bruxas
Mas que amém as bixas
Mas que amém
Que amém
Clamem
Que amém
Que amém as travas também
Linn da Quebrada, "Oração"

Podemos considerar a introdução de um novo conceito, a conserva corporal, uma abordagem para analisar a maneira como a violência inerente ao sistema de monocultura opera sobre vidas que se afastam da norma universal. Essa construção conceitual — que será mais bem discutida adiante — ajuda-nos a compreender como as relações de poder permeiam o processo de regular, controlar e normalizar o corpo.

Um dos alicerces centrais das monoculturas, menciona Geni Núñez (2021), são os projetos da não concomitância: só um deus, só um amor e só uma sexualidade podem — e devem — ser legítimos. Para essa lógica reinar, é necessário negar outras possibilidades de existência: o humano seria a negação do animal, o civilizado, do selvagem, o cisgênero, do transgênero e assim por diante. Conforme Lia Vainer Schucman (2012), o "humano universal" faz parte da lógica de que a branquitude se porta como a "única identidade racial normal", a raça universal, desconsiderando que se trata de mais uma das muitas que integram o tecido social.

A ideologia judaico-cristã está impregnada nas relações de poder-saber e perpetua formas de dominação por meio de epistemologias eurocentradas específicas — epistemologias cis-heterocoloniais do corpo, nas quais prevalece uma cartografia binária, na qual existem exclusivamente dois corpos e dois sexos. "Essa dialética de ter ou não ter pênis é apresentada como um dilema entre duas possibilidades mutuamente excludentes. Fora desse binarismo, há apenas patologia e deficiência" (Preciado, 2022a, p. 13). Trata-se de epistemologias que carregam semelhanças com a mitologia cristã colonial ao pretender impor seu modo de compreender a vida como se fosse universal e dicotômico (Adão e Eva).

Nas palavras de Geni Núñez Longhini e Natanael Cáceres (2022, p. 8), "a Bíblia tem sido a bússola moral" e todos os dias pessoas LGBTQIA+ e mulheres são violentadas e/ou assassinadas por não serem reconhecidas como "direitas aos olhos de Deus". O homem branco, cisgênero, heterossexual, cristão e sem deficiência se assemelha à imagem do deus ideológico cristão como figura de autoridade digna de idolatria e amorosidade por meio da fidelidade e da exclusividade, o que, por vezes, resulta em perseguições e intolerância religiosa. Os LGBTfóbicos, afirmam os autores supracitados, não lutam para que possam existir ou para terem seus direitos garantidos, mas, sim, para serem os únicos considerados legítimos — tais quais a branquitude e a cisgeneridade, que acreditam na sua especialidade por não se desviarem do que se considera "natural" ou "normal" da perspectiva cristã.

Precisamos matar o deus ideológico judaico-cristão, implícito e explícito, na nossa teoria e prática psicodramática. Essa reflexão me lembra de uma experiência vivida no Teatro Oficina, onde foi exibida a peça *O bailado do deus morto*[4], escrita por Flávio de Carvalho e apresentada no Teatro da Experiência[5] nos anos 1930, época em que o Brasil vivia os movimentos modernista e antropofágico. Na peça, encenada na década de 1930, segundo William Golino (2002), a morte do deus manifesta uma forma de crítica aos mitos e provoca mudanças por propor rupturas com as crenças religiosas. Ao matar o Estado-deus, as pessoas passam a se encontrar com o próprio estado de criação e pouco a pouco ocupam todos os tempos originalmente ocupados por deus, porém sem nenhuma eternidade. Quando se anuncia na peça que deus está morto, encontram-se brechas para romper com tudo aquilo que está vinculado a esse deus — dogmas culturais e artístico-teatrais — para que o novo surja. E dessa ruptura apresentam-se novos horizontes. Podemos compreender essa morte-rachadura como o desbloqueio da espontaneidade-criatividade.

Matar deus, na verdade, é matar a hierarquia e a dominação da ideologia judaico-cristã que enrijecem o nosso modo de pensar, ler, criar, nos relacionarmos e (des)fazer psicodrama. Matar deus é cruzar as fronteiras das normas. Matar deus é se encontrar com a diversidade e favorecer a cocriação nas relações afetivas. Matar deus é poder ser você mesma(o) — apropriar-se do seu desejo e do seu corpo. Matar deus é lutar contra a intolerância religiosa e pelo respeito a todas as religiões. Matar deus é matar o animal necropolítico. Matar deus é ter o direito de viver. Matar deus é poder reinventá-lo. Precisamos matar o "humano universal" no nosso imaginário, ou, nas palavras de Alfredo Naffah Neto (1997), descolonizar o imaginário.

4 Para a inauguração do Teatro da Experiência, Flávio de Carvalho encomendou uma peça a Oswald de Andrade. Como a chegada da estreia se aproximava e Oswald não finalizava o trabalho, Flávio escreveu *O bailado do deus morto*. A peça estreou em 15 de novembro de 1933 e sua última apresentação aconteceu no dia seguinte: a polícia fechou o teatro por ordem do censor e delegado Costa Neto, que, segundo Flávio, assistira ao espetáculo na véspera e disse que gostara muito do que tinha visto (Golino, 2002).

5 Segundo Golino (2002), *O bailado do deus morto* é "um teatro vivo e perigoso, pois está inteiramente ligado ao mundo real e age contra uma das bases de sustentação do Estado". Sua força "levou os poderes constituídos, representados pela polícia, a fecharem o Teatro da Experiência" (p. 25).

A nossa realidade psicodramática está preparada para essa transformação teórica, prática e metodológica?

RESISTÊNCIA COMO EXCESSO DE REALIDADE

Para Judith Butler (2022a), a fantasia pode ser compreendida como a articulação do possível, movendo-nos daquilo que é simplesmente real e presente para um infinito de possibilidades; ela permite que nos imaginemos de novas formas e torna o possível excesso do real. Desse modo, a fantasia direciona para um novo espaço e, quando corporificada, cria outro lugar para o corpo-casa. A morte de deus nos permite questionar não apenas o que é real e o que "deve" ser, mas também demonstra como as normas que regem as noções contemporâneas de realidade podem ser desafiadas e como novos modos de realidade podem ser estabelecidos (Butler, 2022a). Precisamos transpassar as fronteiras que a ideologia judaico-cristã estabelece — na forma de vigilância e pecado —, para talvez nos encontrarmos com as deusas, os deuses, as entidades e os espíritos de maneira mais genuína, diversa e respeitosa. Exceder a borda da realidade é, também, reconhecer o nosso lugar de criadores. É, de repente, experimentar-se como deusa e como deus por se encontrar consigo mesma(o) e, assim, criar o próprio corpo, o próprio gênero e a própria sexualidade. Para Moreno (1992, p. 22),

> o universo é uma criação em contínuo desenvolvimento e cada novo indivíduo que nasce cria, junto com Deus, o mundo que há de vir. Portanto, o mundo em que o homem se encontra, quando nasce, é um mundo onde milhões de companheiros ajudaram Deus a criar para recebê-lo. Não é um mundo imposto por um tirano — um Deus ditador —, ao contrário, é um mundo no qual cada homem pode ajudar a criar e pode projetar seus próprios sonhos.

Cruzar as fronteiras do sistema binário de gênero é se lançar a favor do estado de espontaneidade-criatividade e se reconhecer como agente-criador da própria história. Isso implica desafiar a condição de sermos simplesmente peças de um "cistema" e corpos dóceis, utilizados como meros recursos no contexto da lógica colonial. A lógica racional do "cistema" nos relega a uma posição que restringe o reconhecimento de nossos desejos e nos tolhe a capacidade de agir por nossa espontaneidade-criatividade. Exceder a borda da realidade pode ser uma via mais desejável e, nas palavras de Moreno (1975, p. 160), "uma via que levará a matriz criadora espontânea à periferia da realidade humana".

Ao analisarmos a premissa de que a fantasia nos guia em direção a novos territórios e ao considerarmos as potenciais ameaças ligadas à transgressão de fronteiras, sobretudo em relação à possível desintegração de vínculos, começamos a perceber os papéis imaginários não apenas como papéis não atuados vinculados à transferência (Naffah Neto, 1997), mas também como manifestações de orientação e desejo. Eles podem representar a possibilidade de um lugar resistente e combativo contra a hegemonia.

Quando ponderamos sobre o medo que um homem gay experimenta ao não poder se expressar verdadeiramente diante de familiares e amigos, é imperativo compreendê-lo não como alguém que não é gay, mas como alguém que ocupa um espaço entre o papel social e o papel imaginário. Ele é um homem gay, deseja ser reconhecido como tal, mas, devido ao temor de ameaças e violências, não consegue desempenhar esse papel social de maneira satisfatória. Assim, direcionamo-nos para a ideia de "papel contido" (quando o papel está conscientemente presente e sob controle) ou papel latente, concebido por Nery (2014), para descrever a situação em que a identidade desejada fica entre o social (o papel desempenhado publicamente) e o imaginário (o papel que gostaria de assumir de forma plena). Essa compreensão sugere uma contenção ou restrição da identidade, que está presente em sua (in) consciência e orientações, mas não pode ser completamente expressa na esfera social devido a fatores externos, como a LGBTfobia. É importante destacar que, ao discutirmos a compreensão do papel relacionado ao gênero, não podemos ignorar a interseccionalidade. Conforme enfatizado por Kilomba (2019), a concepção de raça e gênero como categorias inseparáveis é crucial — e, nesse contexto, incorporamos também a dimensão da sexualidade.

Em nome de Deus, quem são os corpos que subsistem à beira dos cadafalsos por cruzarem a linha outrora imposta pela necropolítica da diferenciação do sexo? Por mais que imperem técnicas contemporâneas regulatórias sobre a vida, permanecem lugares supliciantes nas práticas modernas que são conservadas desde a época do poder soberano na história da Europa, na qual Deus e a lei eram os próprios monarcas. Tempos de espetáculos, em que o carrasco punia o corpo culpado humilhando-o e o fazendo sofrer. Realizava-se uma ostentação da verdade e do poder; o corpo era julgado publicamente, torturado, violentado, assassinado e, assim, triunfava o invencível soberano (Foucault, 2014).

Eu, sentinela de um corpo assassinado, que não consegui guardar
Essa é a minha menina
Tenho dor
Meu peito explode
Algo me fere o peito
Quem matou a minha menina?
O pai? Eu? Vocês?
Quem matou minha menina?
Quem matou minha menina?
Jup do Bairro, "Corpo sem juízo"

Enquanto corpos dissidentes — e negros! — permanecem sob risco de vida por se desviarem da norma, a cisgeneridade — e a branquitude! — sobrevive, contanto que tenha sua espontaneidade-criatividade amarrada, o que nos possibilita pensar numa cisgeneridade compulsória. O paradoxo está entre poder viver — com mortes subjetivas e simbólicas por reprimir os desejos — e/ou dever morrer — com o desbloqueio da espontaneidade-criatividade por criar o próprio corpo.

> Às vezes, as próprias condições para se conformar à norma são as mesmas condições para resistir a ela. Quando a norma parece ao mesmo tempo garantir e ameaçar a sobrevivência social (é aquilo que se precisa para

> viver; aquilo que, se vivido, ameaçará com seu apagamento), conformar-se e resistir vem a ser uma relação paradoxal e complexa com a norma, uma forma de sofrimento e um potencial para a politização. Assim, a questão sobre como corporificar a norma está ligada com frequência à questão da sobrevivência, à questão de se a própria vida será possível. Penso que não deveríamos subestimar o que o pensamento do possível faz por aqueles que experimentam a sobrevivência como algo candente. (Butler, 2022a, p. 364-365)

Sempre há risco ao se atirar no abismo que excede a norma, pois o que também atravessa as fronteiras culturais do regime de sujeição binária é a ameaça da pobreza, a ameaça da violência e a luta pela sobrevivência — e isso pode ser ainda mais difícil para as pessoas não brancas. Como Judith Butler aponta, a luta pela sobrevivência não pode ser separada da vida cultural da fantasia, mas sim ser parte desta.

CISGENERIDADE COMPULSÓRIA

era uma vez a mulher
que não nasceu de buceta:
mandaram ela ser homem,
mas ela pôs na cabeça
que um pedacinho de carne
a mais no meio das pernas
não é motivo o bastante
pra não ser o que ela era.
aquele pedaço, aliás,
a tornava ainda mais bela,
jamais se envergonharia
por não ser conforme à regra.
e, se queriam-na morta,
pra se livrar da beleza
que todos que a viam viam,
então viessem pra guerra.
Amara Moira, "Era uma vez"

Mas, afinal, o que são pessoas cisgêneras? A cisgeneridade emerge na medida em que existe o regime binário. O cisgênero é aquele cuja identidade de gênero condiz com o gênero que lhe foi atribuído no nascimento. É uma condição bioessencialista que valida a importância dos órgãos genitais como determinante de gênero e de possíveis inclinações dos desejos sexuais no futuro. Se você nasceu com vulva, foi designada mulher e continua a se identificar como mulher, você é uma mulher cisgênero. Portanto, segundo a norma de sujeição dos corpos e das conservas corporais, seus desejos sexuais devem seguir o direcionamento cis-heteronormativo.

Demarcar a cisgeneridade na comunidade psicodramática retira o seu lugar silencioso e de modelo único, que fica subentendido quando deparamos com o "humano universal" em nossos textos, aulas ou práticas. De acordo com Letícia Nascimento, autora de *Transfeminismo* (2021), os corpos cis gozam de privilégios por ocuparem nessas práticas discursivas hegemônicas uma condição natural, de sexo/gênero verdadeiro. Por outro lado, as transgeneridades são caracterizadas como uma produção artificial e falseada (desconsideram-se, por exemplo, as cirurgias plásticas a que corpos cis se submetem com frequência). A transgeneridade abarca toda corporalidade não cisgênera, daí a importância do conceito de autodeterminação, para que não se elaborem estruturas rígidas de enquadramento das existências trans — para exceder a borda.

Diz Nascimento (2021, p. 107): "O conceito de autodeterminação nos coloca como protagonistas de nossas experiências subjetivas, retirando a autoridade que, na sociedade vigente, ainda está tutelada por instituições médicas, jurídicas, religiosas e estatais, que nos delimitam em uma condição subalterna, patológica, criminosa e imoral".

A autodeterminação se apresenta como forma de resistência à norma, que, por sua vez capta e conserva corpos para que estes sejam realocados ao interior de poderes bastante apertados, para impor, desse modo, limitações, obrigações e proibições. Esses poderes trabalham com métodos disciplinares para fabricar corpos submissos e instituir, assim, relações de docilidade-utilidade (Foucault, 2014). A norma é a própria conserva corporal e, ao mesmo tempo, uma via aberta — por mais fechada que pareça estar — à revolução histórica da criatividade e da performatividade corporal. Atravessá-la é um ato revolucionário, espontâneo e criativo.

Além de a conserva corporal atuar de maneira patologizante sobre as existências trans, tal violência também é perpetuada na forma de afronta à vida das pessoas intersexuais. A norma é bagunçada quando nascem bebês cuja genitália não se coaduna com a lógica da diferenciação dos sexos. Segundo Liv Strömquist (2018), de 1% a 2% dos bebês do mundo nascem com órgãos genitais que transcendem a classificação de "masculino" e "feminino". Liv, quadrinista, apresentadora de rádio e cientista política, relata que a partir do século XIX surgiu a obsessão por categorizar cientificamente os órgãos genitais e o sexo como "normais" e "anormais". Assim, médicos passaram a realizar cirurgias para "corrigir" a vida das pessoas intersexuais, na tentativa de enquadrar o corpo delas nas normas do regime binário. Essas supostas "cirurgias de correção" ainda são prática comum, e os recém-nascidos com variação física visível são rapidamente submetidos às mutilações médicas já nas primeiras semanas de vida. Além de toda a violência física, psicológica, emocional e social contra o corpo intersexual, a sensibilidade genital desses indivíduos pode ser comprometida futuramente.

O PARADOXO DA CONSERVA CORPORAL

Para compreender como a violência afeta os corpos na esfera da socionomia, propomos a introdução de um novo conceito: a "conserva corporal". Uma das metas centrais deste capítulo é apresentar esse conceito, que está intrinsecamente ligado à ideia de conserva colonial (Vomero, 2022; Vomero e Nery, 2023).

É relevante destacar que o conceito de conserva colonial visa compreender como determinadas formas de violência perduram atualizadas ao longo do tempo, levando em conta elementos sociais, históricos e políticos. Isso abrange a nefasta história da escravização imposta por pessoas brancas, o genocídio das populações indígenas e o papel crucial desses acontecimentos na formação do pensamento social brasileiro. A construção do Brasil por meio de invasões e desterritorializações foi marcada por práticas racistas, misóginas, LGBTfóbicas e pelo aparecimento de uma ciência eugenista. Dessa forma, a conserva colonial emerge como um meio de denunciar as dinâmicas exploratórias nas relações de poder na nossa atualidade, que está estreitamente relacionada à colonialidade, ao capitalismo e à modernidade.

Toda violência sobre o corpo-território compõe exercícios de poder atualizados e, ao mesmo tempo, mantidos por meio de conservas coloniais e corporais para que suas estruturas não sejam abaladas. A conserva corporal atua para marcar, controlar, regular, "normalizar" o corpo e, assim, manter o seu comportamento disciplinado e útil num regime binário: o que é permitido ou proibido, o que é correto ou incorreto, o que é lícito ou ilícito, o que é homem ou mulher.

Sustento as ideias acima, amparadas no conceito de conserva cultural elaborado por Moreno (1975), para pensar na conserva corporal como agente em situações de ameaça e naquelas em que se tenciona perpetuar uma herança cultural, colonial e/ou corporal. Podemos pensar nessa conjuntura de ameaças quando uma existência cruza as fronteiras da norma ou, em outras palavras, resgata a sua potência, o que leva esse corpo a perceber sua conserva corporal como via de desejo e afeto. A ameaça é experimentada pelo corpo desviante e pela norma, que sente a sua estrutura abalada ao ser transgredida. Quantos corpos se mantêm conservados — ou paralisados — pela ameaça de exceder a borda? Há também aquelas(es) que, desde o nascimento, encontram-se fora dessas fronteiras.

Do mesmo modo que a conserva corporal bloqueia a espontaneidade-criatividade e oprime por meio do medo da rejeição, da exclusão, da morte ou da violência, ela também pode ser via (des)contínua de criação do corpo sobre si mesmo. Quando este cria o seu gênero ou a sua sexualidade, surge uma nova conserva corporal, que se pode considerar um processo constante de (des)fazer gênero e de (des)fazer corpo. Ao afirmar que nós não somos corpos, mas fazemos corpos, Judith Butler (2022a) reitera o corpo como processo contínuo de produção de si, em constante diálogo com as normas regulatórias de gênero, o que ela denomina performatividade de gênero. E como será que se (des)faz o corpo em contexto de violência e risco de vida?

PISTAS PARA (DES)FAZER GÊNERO

A potência do psicodrama está na sua arte de tecer desvios e na sua estrutura teórico-metodológica que rompe com saberes dicotômicos, dualistas e que privilegiam a superioridade da racionalidade, facilitando, assim, o tráfego por vias de resistência e de enfrentamento da hegemonia.

O que é o conceito de realidade suplementar senão uma possibilidade de nos direcionarmos para outro lugar que viabilize questionarmos as noções contemporâneas da realidade hegemônica? Ela nos oferece um universo seguro para que nos imaginemos de novas e infinitas maneiras; mostra o possível como excesso do real. Nas palavras de Zerka Moreno, Leif Blonkvist e Thomas Rützel (2001), a realidade suplementar alcança uma dimensão que vai mais além da realidade subjetiva e objetiva, como uma espécie de realidade cósmica que nos coloca fora do tempo e do espaço delimitados do contexto social.

A realidade suplementar permite que acessemos a coragem para nos encontrarmos com águas internas outrora barradas pelas normas regulatórias, transforma um corpo-não-rio em corpo-vivo, espontâneo e criativo. Aponta possibilidades para que cruzemos as fronteiras do regime binário e nos experimentemos nesse novo lugar no "como se". A realidade suplementar, quando corporificada, concede outro lugar para o corpo-rio e transborda os limites da realidade (e do poder), seja no próprio contexto dramático, seja pela coragem de levarmos para o contexto social o que aprendemos no contexto dramático — como nos modos de agir, pensar e/ou sentir. Você nunca volta a ser a(o) mesma(o) depois de experimentar a realidade suplementar.

O desejo deste corpo-texto é mostrar a potência e a saúde nas ações das existências transgêneras de poder criar e (des)fazer o próprio corpo e a própria sexualidade, no ato revolucionário de cruzar fronteiras e ter uma rede de afetos em forma de asas para ajudar a atravessar o abismo. É de travar batalhas discursivas para despatologizar as existências não cisgêneras e reiterar não somente a artificialidade dos corpos cis, como também a compulsoriedade à qual crianças são submetidas ao nascer. Porém, não podemos descartar as dores emocionais e sociais que nos chegam em consultório por conta da transfobia, da homofobia e da concretude da violência endereçada a esses corpos, que, de fato, os colocam em risco de morte antecipada. Por isso, urge reiterar a importância de uma prática psicodramática que assuma o seu compromisso ético-político, para que, no nosso pacto de cuidado, reconheçamos que a violência é mesmo um fato e a luta é coletiva, mas, no campo subjetivo, possamos nos alicerçar e pensar no repertório de enfrentamento que essa pessoa tem. Do contrário, direcionaríamos a vida da pessoa acompanhada exclusivamente ao que é social, como se o manejo se restringisse a criar elementos e calosidades para lidar com a violência. No entanto, para evitar a manutenção do *statu quo*, o manejo é muito mais complexo.

O DESEJO DE CRUZAR FRONTEIRAS

O medo do julgamento, da rejeição e de perder a própria vida em virtude da transfobia e da homofobia atinge frequentemente as pessoas LGBTQIA+. A realidade suplementar oferece a possibilidade de não somente criarmos estratégias e táticas de resistência como também acessarmos os nossos desejos e sentimentos reprimidos. Lembro-me de uma pessoa não binária (ele/dele) acompanhada em clínica que acessou a sua coragem durante uma dramatização e, então, demonstrou o seu incômodo com ser mulher após o meu duplo ter usado a palavra "deslocada". Relatou que não gostava de ser chamado no feminino e que o uso desse "a" para se autodeterminar costumava se dar de maneira desagradável. Antes dessa sessão, mesmo aparentando incômodo, Ariel (nome fictício) se apresentava como mulher. À medida que os encontros avançaram, ele foi entrando em contato com as lógicas afetivas de conduta (Nery, 2014) na sua história de vida para não ser reconhecido como mulher e mesmo assim, de algum jeito, se sentir aceito: "Nunca usei *top*, decote, sempre escondendo o peito. O que eu poderia mudar hoje além do meu cabelo e do meu jeito neutro de me vestir?" A partir dessa sessão, ocorreram encontros nos quais Ariel passou a materializar cada vez mais a não-binaridade e o seu incômodo com o lugar — compulsório — de mulheridade.

Ariel tem desejo sexual por mulheres e se autodetermina gay. Está na faixa etária dos 50 anos e nunca sentiu coragem de compartilhar a sua orientação sexual com familiares, mesmo que tivesse "vontade de se libertar para a família". Foi casado secretamente durante dez anos com uma mulher cis. A vergonha e o medo também o impediram de demonstrar carinho em público. Durante uma sessão, recordou-se de uma cena de quando tinha 7 anos. Ao escutar a palavra "veado", perguntou à irmã o que significava. A resposta foi: "Veado é quem come cocô". Essa frase denuncia as lógicas sociais ofensivas e violentas contra pessoas LGBTQIA+ e foi reproduzida por uma pré-adolescente de 12 anos.

Ele também relatou outro momento dos seus 7 anos. Relembrou ter tentado conversar com a mãe sobre seus sentimentos pela vizinha, mas imediatamente foi interrompido por ela, que afirmou que gostar de meninas era totalmente inadequado. Em outra sessão, retomamos essa cena e a levamos para a realidade suplementar, em que Ariel foi tanto a criança quanto o adulto conversando com a sua falecida mãe. O consulente compartilhou toda a sua experiência homoafetiva, os desafios e os medos da rejeição. Na cena, apareceu uma mãe acolhedora, que pediu desculpas por um dia ter dito que ele não poderia gostar de meninas. Ela mencionou estar orgulhosa do caminho traçado pelo filho e disse admirar a pessoa que Ariel se tornara, acrescentando que o aceitaria independentemente de como ele se relacionasse. Ela só queria ver o filho feliz e livre para amar. Por meio da oportunidade de vivenciar o papel psicodramático, proporcionada pela realidade suplementar, ocorreu a transformação do papel social contido e, consequentemente, do papel imaginário conservado, manifestando-se em espontaneidade e criatividade. Esse processo revelou relações transferenciais, contribuindo para a cocriação no vínculo de mãe e filho.

Duas semanas depois dessa dramatização, Ariel viajou para a cidade onde sua família mora e se sentiu encorajado a contar à irmã sobre sua orientação sexual — mesmo com muito medo, decidiu atravessar essa fronteira. Sua coragem continuou a transbordar para as redes sociais, onde compartilhou fotos com a bandeira do orgulho na parada LGBTQIA+. Segundo seu relato, sentia-se muito mais aliviado, "como se um fardo tivesse saído dos seus ombros", depois de ter conversado com a irmã e expressado publicamente o modo como se sente de verdade.

Lembro-me de outra pessoa que acompanhei numa sessão de grupo. Durante uma dramatização com desenho, ela se desenhou de vestido. No momento de se apresentarem a partir do desenho, o consulente, que até o momento se autodeterminava no masculino, enfrentou o seu medo e compartilhou sobre gostar de se vestir e ser reconhecido como mulher. A partir desse momento, todo o grupo passou a reconhecê-la e ajudá-la a enfrentar a vergonha e o medo que sentia dos seus familiares e do ambiente social. Pode não ser necessário, neste momento, reiterar que roupa e cor não têm gênero, mas talvez seja importante explicitar essa compreensão binária. Akira (nome fictício) gostava do uso dos pronomes (ela/dela) e, na época, se autodeterminava andrógina.

Essas partilhas me levam a outra sessão, de uma pessoa (homem trans) que foi acompanhada por mim e passou a se autodeterminar homem após o meu compartilhamento sobre a minha identidade não binária. Após esse relato pessoal, Keiko (nome fictício) começou a chorar, sentiu-se reconhecido e disse que jamais poderia imaginar falar disso com uma psicóloga — havia passado por outras anteriormente. Mais uma história de vida atravessada pelo sofrimento ocasionado pela cisgeneridade compulsória, que causou desconforto e dificuldade de se sentir à vontade no próprio corpo desde muito cedo, por conta de uma cultura LGBTfóbica.

Esse desconforto com o corpo — ou melhor, com o modo como a sociedade obriga a reconhecê-lo — desde a infância também foi sentido por Ariel e Akira. Por certas semelhanças, me lembra de uma história em quadrinhos escrita e ilustrada por Lino Arruda (2021). *Monstrans — Experimentando os horrormônios* baseia-se na vida do artista, que narra o processo de transição de criança — designada mulher ao nascer — e todo o seu caminho para se reconhecer no próprio corpo; um corpo que cruza as fronteiras do normal, da heterossexualidade e da cisgeneridade e resiste à vigilância e à atenção social de um sistema binário violento.

No breve relato de caso do Keiko, encontramos pistas a respeito de uma psicologia que falha por não garantir o acolhimento das dores decorrentes das dificuldades dos corpos transgêneros que resistem e existem numa realidade cis-heteronormativa e capitalista. Letícia Nascimento (2021, p. 119) aborda a análise que a psicóloga Céu Cavalcanti faz da Resolução n. 01/2018 do Conselho Federal de Psicologia, que fez três grandes apontamentos: "(1) O princípio da autodeterminação; (2) O uso da cisgeneridade como categoria analítica; (3) O reconhecimento de violências estruturais como atravessadores a serem considerados em psicologia".

Apresentei momentos específicos dos casos clínicos para demonstrar a potência dramática como recurso de resistência, enfrentamento e, segundo Alfredo Naffah Neto (1997), via de acesso ao núcleo do desejo inconsciente. São histórias de vidas emprestadas para tecer esse desvio de afeto, que nos ensina a pensar em estratégias teórico-metodológicas qualificadas para trabalhar com as dores ocasionadas pela transfobia e pela LGBTfobia. Momentos que constatam a importância de uma clínica política desviante apta para superar as conservas corporais e coloniais, a fim de prosseguirmos a descolonização do imaginário, do afeto, do corpo e da escuta.

A necessidade da autodeterminação emerge de maneira espontânea nos três recortes clínicos descritos. São demonstrações do desejo de ser reconhecido e da urgência de existir a partir das próprias orientações. Podemos considerar a autodeterminação um processo inacabado que, de modo saudável, se utiliza da conserva corporal como via de acesso a um novo espaço-lugar, para demarcar o próprio corpo-território e desimpedir o fluxo do próprio corpo-rio. Autodeterminar-se numa sociedade que impõe os limites da cisgeneridade e da heteronormatividade culmina em ato revolucionário e libertário. O paradoxo desponta mais uma vez quando deparamos com a maneira hegemônica aplicada ao apagamento da diversidade e à transformação das existências trans em meras estatísticas. Mesmo com a criminalização da transfobia, somos há 14 anos consecutivos reconhecidos como o país que mais mata pessoas trans no mundo (Lucca, 2023). Por isso, não podemos separar as intersecções políticas e culturais (raça, classe, etnia, sexualidade, território) do entendimento de gênero (Butler, 2022b).

DESCOLONIZAR O COINCONSCIENTE

O medo, a vergonha, a ansiedade e o sufocamento, que fabricam corpos-barragens e são por eles fabricados, constituem sentimentos, sensações e modos de sujeição presentes em todos os casos clínicos apresentados — e, de certo modo, atingem todas as vidas. O corpo-barragem é um copo-não-rio com o subjetivo aniquilado e invadido pelo sistema colonial e pela lógica do capitalismo. Segundo Suely Rolnik (2018, p. 32-33), a fonte da qual o capitalismo "extrai sua força não é mais apenas econômica, mas também intrínseca e indissociavelmente cultural e subjetiva [...], o que lhe confere um poder perverso mais amplo, mais sutil e mais difícil de combater".

Sendo assim, a nossa subjetividade tanto produz quanto é produto das conservas corporais e coloniais. Enquanto mantivermos a subjetividade conservada, a via de acesso ao desejo e ao fluxo criativo permanecerá interditada. Há uma disputa entre as forças criadoras e as forças de conservação; se cedermos, continuaremos inertes e amarguradas(os). Já que no psicodrama trabalhamos com a intersubjetividade ou com a descristalização ou descolonização intersubjetiva, podemos pensar em algo mais específico do que simplesmente intersubjetividades sob domínio de estados coinconscientes. Quando compreendemos a existência de um universo interpsíquico e intrapsíquico colonizado, conseguimos refletir sobre a importância de se descolonizar uma realidade ainda mais profunda, sobre descolonizar o coinconsciente. Ou seja, reconhecer esse processo como efeito (des)contínuo de desbloqueio da espontaneidade-criatividade para a cocriação de relações télicas. Dessa forma, e nas palavras de Geni Núñez (2021), poderemos reflorestar o imaginário.

Para Moreno (1975), os estados inconscientes de duas pessoas ou de determinado grupo estão entrelaçados com um sistema de estados inconscientes. Isto é, somos seres interdependentes e inter-relacionais, de modo que precisamos de um conceito de inconsciente que provenha não de uma só psique, mas de uma realidade profunda e coletiva, em que esses estados inconscientes se encontram e atuam como forças interpsíquicas. O coinconsciente pode ser representado como uma dimensão presente na vida intersubjetiva que "tem suas raízes na própria cultura, sua ordem, suas prescrições, seus tabus, suas ideologias, sempre impregnadas daquilo que Moreno chamava de 'conservas culturais'" (Naffah Neto, 1979, p. 117). Neste corpo-texto, estamos ampliando as ideias morenianas e nomeando-as, também, conservas corporais e coloniais. Enquanto as micropolíticas continuarem mantidas por elas, ou seja, sob o comando do coinconsciente colonial, estaremos restritas(os) à repetição e à submissão. Regidas(os) por essa micropolítica precarizada, "o desejo passa a funcionar como agente reativo que interrompe o processo de criação de mundos" (Rolnik, 2018, p. 77).

Desse modo, o corpo-não-rio não apenas se autoenvenena pela impossibilidade de se transformar em corpo-vivo, mas, de acordo com Suely Rolnik, envenena toda a sua teia relacional — como no sistema de monocultura e no uso de agrotóxicos. Rolnik entende que essa poluição seja ocasionada pelo efeito do inconsciente colonial-capitalístico, mas, como no psicodrama trabalhamos com intersubjetividades, podemos ponderar que a degradação das águas resulte do coinconsciente colonial.

Para Maria da Penha Nery (2014), o coinconsciente interfere tanto na coesão quanto nos conflitos grupais e, de modo sutil, se infiltra na ideologia das instituições (família, escola, empresa...), gerando, assim, a cultura do grupo. Por sua vez, a cultura se constituirá de segredos, rotinas, crenças, mitos e ritos e levará para a ação das pessoas que formam determinado vínculo os significados de suas relações afetivas de poder. Essas ações serão responsáveis pela manutenção, transformação ou destruição do grupo. A autora também compreende que o coinconsciente reflete as resistências interpessoais para a cocriação, o que nos leva à necessidade de superar tanto as resistências ao próprio inconsciente quanto as interpessoais.

No processo (des)contínuo de diferenciação de si e de outrem, emergem novos projetos dramáticos que requerem atualização do coconsciente e do coinconsciente para que forneça às pessoas alguma validação existencial, tal como sentimentos de satisfação, de equilíbrio ou de prazer (Nery, 2014).

A possibilidade de vivenciar a satisfação no vínculo pode ser dada por meio da descolonização da percepção e da complementaridade dos papéis, o que facilitará a inversão ou a capacidade de uma pessoa se colocar no lugar da outra, mesmo que por um momento. Alfredo Naffah Neto (1997) concebe os papéis como evidências sintomáticas da cristalização de relações coinconscientes e enriquece a nossa teoria ao mencionar os papéis históricos e considerá-los marcadores na constituição dos papéis sociais. Ao evidenciar a dimensão histórica, econômica, política e social dos papéis, ele nos ajuda a reconhecê-los também sob domínio do coinconsciente colonial. Não partimos de um ponto determinista e continuísta, mas de poderes atualizados e ao mesmo tempo conservados, o que nos leva a pensar que os papéis sociais sofrem interferência não somente dos papéis históricos, como também dos papéis colonizados. Estes são consequência de um processo histórico da colonização (do saber, do poder, do corpo e dos afetos) e recebem influência direta da colonialidade, da modernidade, do capitalismo e das relações econômicas e políticas. Estão diretamente atrelados às conservas coloniais e à perpetuação de relações transferenciais que representam jogos de poder.

Assim, ao examinarmos o papel social — seja ele qual for, de homem, de mulher etc. —, é importante realizar uma análise mais aprofundada, levando em conta o coinconsciente social colonizado. Nesse sentido, é interessante ampliar a discussão sobre a teoria dos papéis, incorporando aspectos tanto dos papéis históricos quanto dos colonizados para uma análise mais abrangente desse papel específico. Essa abordagem permite uma análise contextualizada, considerando não apenas as influências históricas, mas também as implicações presentes da herança de matriz colonial na formação e na expressão desse papel social na atualidade.

Ao pensarmos na descolonização da complementaridade dos papéis como processo (des)contínuo, podemos refletir uma vez mais sobre o paradoxo, mas agora diante do desempenho dos papéis sociais. Ao jogá-los, temos condições de dar respostas novas a situações antigas ou respostas "adequadas"[6] a uma nova situação, o que no psicodrama chamamos de desbloqueio da espontaneidade-criatividade. Mas, ao mesmo tempo e na medida em que Naffah Neto (1997) reconhece os efeitos das relações de poder e compreende a complementaridade entre as forças de dominado e dominador, ele nos mostra a eficiência e a sutileza com que os dispositivos de poder atuam e valorizam o corpo como objeto, perpetuando assim as relações de poder (Foucault, 2021). É pela cristalização do papel social que adoecemos, mas também é por meio dele que liberamos o nosso estado espontâneo criativo.

A colonialidade se fortalece conforme inova, invade e penetra nos corpos, na cultura e nos papéis sociais. Segundo Mignolo (2010), ela também controla a economia, a natureza e os recursos, o gênero e a sexualidade, a autoridade, as subjetividades e o conhecimento. Por exemplo: o processo de descolonização do papel de salvador por parte de pessoas brancas implica o reconhecimento de seu lugar privilegiado e de sua branquitude (Vomero, 2022), abandonando-se a ideia de uma posição neutra devido à sua pertença a esse grupo de poder. A conscientização dos privilégios simbólicos e materiais por parte dessas pessoas pode facilitar ações ativas na distribuição de recursos, como no caso de alunas e alunos brancos que exigem das instituições psicodramáticas a contratação de professores negros — algo que Cida Bento (2002) denomina quebra do pacto narcísico da branquitude. De certa forma, a consciência de que o legado da escravização beneficiou e beneficia as pessoas brancas pode, ou pelo menos deveria, facilitar sua saída do papel de salvadores e mantenedores da ordem estabelecida.

[6] Na teoria moreniana, uma resposta adequada significa que a pessoa age de acordo com suas sensações, desejos e percepções. Isso implica romper com a normose das conservas culturais que poderiam limitar seus pensamentos e ações. Estas estariam em consonância com o ambiente externo e permitiriam mais autenticidade.

Daí a importância de a pessoa cisgênero assumir, sem refutar, o seu privilégio e a artificialidade da sua identidade de gênero — por vezes compulsória —, não só para realizar de modo mais verdadeiro o reconhecimento do eu, como também o reconhecimento do tu — daquelas(es) diferentes de si. Isso pode implicar, simplesmente, o respeito à autodeterminação de outrem.

DESCOLONIZAR O PAPEL DE PSICODRAMATISTA

Qual é o lugar da travesti e do corpo trans numa sociedade cis-heteronormativa? Devemos combater os espaços patológicos, moralistas e subalternizados presentes em diagnósticos de manuais psiquiátricos. A demarcação da hegemonia cisgênera nos permite resistir a consultórios, práticas clínicas, formações e instituições psicodramáticas que atuem de maneira regulatória. Frequentemente, esses espaços marginalizam as experiências trans não apenas teoricamente como também fisicamente, ao barrar sua participação como estudante, educador(a) ou profissional de psicodrama. Essa fronteira normativa pode se manifestar por meio de violências simbólicas e materiais, como a falta de políticas afirmativas que facilitem o acesso dessas vidas a esses espaços, bem como casos de transfobia sem que haja medidas efetivas para combatê-la.

A descolonização do papel social de psicodramatista facilita a existência de uma prática que reflita sobre as possibilidades de resistência e pense em estratégias possíveis de exceder os limites do poder, para fazer da conserva corporal uma via de acesso para as potências criativas. Que o psicodrama e quem dele se utiliza possam servir de asas àquela(e) que cruza as fronteiras do regime binário. À medida que superarmos as normas, resistiremos e criaremos uma nova cultura. E, nesse processo (des)contínuo de (des)fazer cultura, gênero, corpo e sexualidade, seguiremos na descolonização do coinconsciente e do coconsciente — ou do "cuinconsciente" e do "cuconsciente". Afinal, como diz Paul Preciado (2022b), é pelo ânus que a lógica binária da representação sexo/gênero vai à merda. Nessa convergência de utopia anal e moreniana, podemos citar também a fala de Clécio (Irandhir Santos), personagem do filme

Tatuagem[7] que é diretor e ator de peças subversivas e anarquistas no período da ditadura militar brasileira: "O símbolo da liberdade é o cu, que é democrático e todo mundo tem".

Descolonizar o papel de psicodramatista ajudará a discernir como os papéis históricos e os papéis colonizados operam na constituição daquele papel social. Isso implica compreender cada vínculo específico que preenche esse átomo social, tal qual uma micropolítica do (des) afeto. Quando o corpo da(o) psicoterapeuta se reconhecer marcado por intersecções políticas de raça, gênero, território, classe e sexualidade, poderá facilitar a descolonização da sua maneira de sentir, escutar, pensar, acolher e agir. É preciso também identificar essas intersecções nas supervisões clínicas e demais espaços de formação, para assim delimitar o corpo da(o) psicodramatista como corpo político, corpo que não se exime de reproduzir, por exemplo, o papel do branco iluminado (e/ou salvador, civilizado e evoluído).

Descolonizar o papel de psicodramatista fará que a atuação profissional não opere como dispositivo clínico ao realizar técnicas psicodramáticas e abordagens que corroborem com o regime colonial cis-heteronormativo. Nas dramatizações, os finais felizes muitas vezes buscam um tratamento normalizador, o que leva à fabricação de corpos dóceis acomodados e, conforme pontuado por Merengué (2020), tornando esses corpos ainda mais obedientes à ordem vigente. Em consequência, a angústia, a ansiedade e as dores psíquicas ocasionadas pelo próprio regime-epistêmico da diferença sexual (Preciado, 2022a) se tornam reguladas e asfixiadas em virtude de uma direção psicodramática de poder-saber.

Para além da descolonização do papel social de psicodramatista, que possamos criar políticas psicodramáticas de inclusão das existências subalternizadas nos locais de pós-graduação, nos congressos, nas jornadas, nos *workshops* e na clínica. Que nos transformemos em asas, pontes, barcos ou linhas para facilitar a travessia das(os) que cruzam os limites do

[7] *Tatuagem*. Direção: Hilton Lacerda. Produção: Nara Aragão, João Vieira Jr. e Ofir Figueiredo. Intérpretes: Irandhir Santos, Jesuíta Barbosa, Rodrigo García. São Paulo: Imovision, 2013. 5 rolos de filme (110 min), son., color.

regime binário. Foucault (2014) assinala que onde há poder há resistência. Assim, seguiremos resistindo, desviando e descolonizando o psicodrama.

REFERÊNCIAS

Arruda, Lino. *Monstrans — Experimentando horrormônios*. São Paulo: Rumos Itaú Cultural, 2021.

Butler, Judith. *Desfazendo gênero*. Tradução: Victor Galdino et al. São Paulo: Unesp, 2022a.

______. *Problemas de gênero — Feminismo e subversão da identidade*. Tradução: Renato Aguiar. Rio de Janeiro: Civilização Brasileira, 2022b.

Bento, Maria Aparecida Silva. "Branqueamento e branquitude no Brasil". In: Carone, Iray; Bento, Maria Aparecida Silva. *Psicologia social do racismo — Estudos sobre branquitude e branqueamento no Brasil*. Petrópolis: Vozes, 2002. p. 25-58.

Corrêa, Andrea Raquel Martins. "Psicodrama e gênero — Corpos em trânsito". In: Dedomenico, André Marcelo; Merengué, Devanir (orgs.). *Por uma vida espontânea e criadora — Psicodrama e política*. São Paulo: Ágora, 2020. p. 159-166.

Foucault, Michel. *Vigiar e punir — Nascimento da prisão*. Tradução: Raquel Ramalhete. Petrópolis: Vozes, 2014.

______. *História da sexualidade — A vontade de saber*. Tradução: Maria Thereza da Costa Albuquerque e J. A. Guilhon Albuquerque. Rio de Janeiro: Paz & Terra, 2021.

Golino, William. *História d"O bailado do deus morto" — Uma radical modernização do teatro no Brasil*. Dissertação (mestrado em Letras — Estudos Literários), Universidade Federal de Minas Gerais, Belo Horizonte, 2002. Disponível em: http://repositorio.ufes.br/handle/10/10748. Acesso em: 18 out. 2023.

Gonzalez, Lélia. "A categoria político-cultural de amefricanidade". In: União dos Coletivos Pan-Africanistas (UCPA). *Primavera para as rosas negras — Lélia Gonzalez em primeira pessoa*. São Paulo: Diáspora Africana, 2018.

Jup do Bairro. "Corpo sem juízo". Intérpretes: Jup do Bairro, Conceição Evaristo e Matheusa Passareli. *[S.l.]* Áudio-vídeo oficial, 2020. Disponível em: https://youtu.be/6il3RlZSlgM?si=3x3Bho8-o98eW8HE. Acesso em: 24 out. 2023.

Kilomba, Grada. *Memórias da plantação — Episódios de racismo quotidiano*. Lisboa: Orfeu Negro, 2019.

Linn da Quebrada. "Oração". Intérpretes: Verónica Valenttino, Ventura Profana, Urias, Danna Lisboa, Alice Guél e Jup do Bairro. *[S.l.]* Áudio-vídeo oficial, 2019. Disponível em: https://www.youtube.com/watch?v=y5rY2N1XuLI. Acesso em: 13 nov. 2023.

Lucca, Bruno. "Brasil é o país que mais mata transsexuais e travestis pelo 14º ano seguido". *Folha de S.Paulo*, São Paulo, 26 jan. 2023.

Mbembe, Achille. *Crítica da razão negra*. São Paulo: N-1 edições, 2022.

Melo, Aldo Rezende de. *Psicodrama e o seu dionisismo — Percursos de uma clínica desviante*. Dissertação (mestrado em Psicologia Social) — Centro de Ciências de Educação e Ciências Humanas, Universidade Federal de Sergipe, São Cristóvão, 2015. Disponível em: https://ri.ufs.br/bitstream/riufs/6022/1/ALDO_REZENDE_MELO.pdf. Acesso em: 17 out. 2023.

Merengué, Devanir. "Descolonizando o psicodrama — Clínica e política". In: Dedomenico, André; Merengué, Devanir (orgs.). *Por uma vida espontânea e criadora — Psicodrama e política*. São Paulo: Ágora, 2020. p. 37-59.

MIGNOLO, Walter. *Desobediencia epistémica — Retórica de la modernidad, lógica de la colonialidad y gramática de la descolonialidad*. Buenos Aires: Ediciones del Signo, 2010.

MOIRA, Amara. *Neca +20 poemetos travessos*. Uberlândia: O sexo da palavra, 2021.

MORENO, Jacob Levy. *Psicodrama*. São Paulo: Cultrix, 1975.

______. *As palavras do Pai*. Tradução: José Carlos Landini e José Carlos Vitor Gomes. Campinas: Psy, 1992.

MORENO, Zerka Toeman; BLONKVIST, Leif Dag; RÜTZEL, Thomas. *A realidade suplementar e a arte de curar*. São Paulo: Ágora, 2001.

NAFFAH NETO, Alfredo. *Psicodrama — Descolonizando o imaginário*. São Paulo: Brasiliense, 1979.

______. *Psicodrama — Descolonizando o imaginário*. São Paulo: Plexus, 1997.

NASCIMENTO, Letícia. *Transfeminismo*. São Paulo: Jandaíra, 2021.

NERY, Maria da Penha. *Vínculo e afetividade — Caminhos das relações humanas*. 4. ed. São Paulo: Ágora, 2014.

NÚÑEZ, Geni. "Monoculturas do pensamento e a importância do reflorestamento imaginário". *ClimaCom*, Universidade Estadual de Campinas, Campinas, ano 8, n. 21, 2021. Disponível em: http://climacom.mudancasclimaticas.net.br/wp-content/uploads/2021/12/GENI.pdf. Acesso em: 18 out. 2023.

NÚÑEZ LONGHINI, Geni D.; CÁCERES, Nataneal Vilharva. "Artesanato e as teias da palavra — Perspectivas guarani de resistência". *Revista Feminismos*, [*S.l.*], v. 10, n. 2 e 3, 2022. Disponível em: https://periodicos.ufba.br/index.php/feminismos/article/view/45165. Acesso em: 18 out. 2023.

PRECIADO, Paul B. *Eu sou o monstro que vos fala — Relatório para uma academia de psicanalistas*. Tradução: Carla Rodrigues. Rio de Janeiro: Zahar, 2022a.

______. *Manifesto contrassexual — Práticas subversivas de identidade sexual*. Rio de Janeiro: Zahar, 2022b.

ROLNIK, Suely. *Esferas da insurreição — Notas para uma vida não cafetinada*. São Paulo: N-1, 2018.

SCHUCMAN, Lia Vainer. *Entre o "encardido", o "branco" e o "branquíssimo" — Raça, hierarquia e poder na construção da branquitude paulistana*. Tese (doutorado em Psicologia Social) — Universidade de São Paulo, São Paulo, 2012. Disponível em: https://www.teses.usp.br/teses/disponiveis/47/47134/tde-21052012-154521/publico/schucman_corrigida.pdf. Acesso em: 17 out. 2023.

STRÖMQUIST, Liv. *A origem do mundo — Uma história cultural da vagina ou A vulta vs. o patriarcado*. São Paulo: Quadrinhos na Cia., 2018.

VOMERO, Laura de Souza Zingra. "Decolonizando o conceito de reconhecimento (eu-tu)". *Revista Brasileira de Psicodrama*, São Paulo, v. 30, e1422, p. 1-10, 2022. Disponível em: https://revbraspsicodrama.org.br/rbp/article/view/576. Acesso em: 26 jan. 2023.

VOMERO, Laura de Souza Zingra; NERY, Maria. da Penha. "Uterodrama — Descolonizando corpo e menstruação". *Revista Brasileira de Psicodrama*, São Paulo, v. 31, e1023, p. 1-10, 2023. Disponível em: https://www.revbraspsicodrama.org.br/rbp/article/view/597. Acesso em: 3 nov. 2023.

WEIL, Pierre; LELOUP, Jean-Yves; CREMA, Roberto. *Normose — A patologia da normalidade*. Petrópolis: Vozes, 2014.

3. Psicodrama, matriz de identidade e homofobia – Possibilidades de rematrização

Wesley Miranda Marques

Este texto surgiu de reflexões elaboradas a partir da minha vivência como homem cis gay e das vivências de pessoas que estiveram ou ainda estão em processo de psicoterapia psicodramática comigo. Pretendo abordar os impactos da homofobia na vida dos sujeitos e apresentar considerações sobre possíveis processos de rematrização por intermédio do psicodrama. Desse modo, viso refletir sobre como as vivências de discriminação e exclusão influenciam a constituição da subjetividade e da identidade das pessoas. Para tanto, apresentarei relatos pessoais e de pacientes, sempre garantindo o sigilo das informações destes.

Pretendo, assim, explicitar aspectos específicos, vivenciados entre a primeira infância e a adolescência, que deixam marcas, traumas e feridas nas identidades "disruptivas", isto é, aquelas que saem da norma socialmente aceita. Por fim, apresentarei possibilidades de "rematrização" (conceito apresentado por José Fonseca), de reconstrução de novas identidades e vínculos, enfatizando as contribuições do psicodrama nesse processo.

Um conceito fundamental do psicodrama é o de "matriz de identidade", "a placenta social da criança, o *locus* em que ela mergulha suas raízes. Proporciona ao bebê humano segurança, orientação e guia" (Moreno, 1993, p. 114). Em sua matriz, a criança vive o processo de aprendizagem de condutas e afetividades por meio do desempenho de papéis sociais, estabelecendo vínculos com aqueles que a cercam. Embora Moreno (1993) aborde o processo de desenvolvimento infantil, entendemos que a matriz de identidade é contínua, dinâmica, acontece aqui e agora, repercutindo na criatividade da experiência dos papéis sociais, que são sua unidade cultural de conduta. Nesse sentido, há um contínuo aprendizado sociocultural nas relações, aquilo que Fonseca

(1980) denomina "rematrização". Esta nos mostra que as identidades — ou os processos sociopsíquicos que nos definem como pessoas e grupos e promovem identificações e pertencimentos — não são fixas, mas fluidas, flexíveis. Além disso, sofrem influência das manifestações da espontaneidade-criatividade e das cocriações que vivenciamos.

Desde bem pequenos, nossos cuidadores criam expectativas e projetam em nós características, comportamentos e até emoções que devemos seguir e que são, muitas das vezes, pautadas no gênero atribuído no nosso nascimento. Logo que nasce, o bebê é inserido em um sistema familiar e nas demais relações sociais, isto é, em uma "placenta sociocultural" que tem costumes, valores, crenças e princípios próprios, que norteiam a forma como esse sistema atua e se coloca em sociedade. Desde cedo a criança é ensinada a seguir determinados padrões, o que acaba por minar sua espontaneidade.

Além disso, no processo de socialização, quando a criança passa a se relacionar com outras crianças e com adultos de fora da sua matriz inicial, ela começa a perceber que é diferente, que seus comportamentos são diferentes. É comum que o cuidador, ao notar que essa criança não está nos padrões esperados, passe a reprimi-la. Aos poucos, ela vai perdendo sua espontaneidade, seu potencial criativo, seu direito de ser livre e gostar do que quiser.

Essas vivências da infância são decisivas; fazem parte da formação da identidade do sujeito, momento em que a criança constrói sua forma de lidar com seus sentimentos e de se relacionar consigo mesma e com os outros. Baixa autoestima, insegurança, medos e incertezas podem permear sua vida adulta. É preciso repensar essas formas de estruturação e imposição de sexualidades e papéis de gênero a fim de construir possibilidades de rematrizar a identidade desses sujeitos. Para Anna Cláudia Eutrópio (no prelo), não basta trabalhar com a discussão de gênero exclusivamente questionando os estereótipos de masculino e feminino. Assim, é preciso falar da negação da diversidade sexual e do silêncio sobre ela, que perpetuam inúmeras formas de exclusão.

De acordo com Benedito et al. (1998), quando nasce, a criança se inscreve em um contexto familiar, que é fundamental para sua formação.

Ao se diferenciar e assumir papéis, ela vai adquirindo características pessoais e únicas. O núcleo familiar favorece ou dificulta determinadas condutas, influindo em seu processo de aprendizagem emocional.

ORIENTAÇÃO SEXUAL, IDENTIDADE DE GÊNERO E EXPRESSÃO DE GÊNERO

De início, é importante distinguir orientação sexual, identidade de gênero e expressão de gênero. Segundo Paiva e Andrade (2021), sexualidade é a forma como o indivíduo se expressa, se compreende, se relaciona socialmente e se envolve nos relacionamentos. A sexualidade é a união entre gênero e orientação sexual e, portanto, compõe um universo de possibilidades. Conhecer a existência da diversidade sexual sem preconceito colabora para um ambiente seguro, amigável e de confiança no processo de ensino-aprendizagem e, sobretudo, permite que as pessoas se desenvolvam emocional e socialmente. A orientação sexual está ligada ao tipo de atração sexual e afetiva que a pessoa experimenta.

A identidade de gênero, por sua vez, denota a percepção de gênero que a pessoa tem de si mesma. Quando essa percepção de gênero se identifica com o gênero atribuído a ela ao nascer, temos a cisgeneridade. Por sua vez, usamos o termo "transgênero" para nos referir às identidades que não se enquadram no padrão cisgênero (Paiva e Andrade, 2021).

A expressão de gênero é a maneira como a pessoa apresenta socialmente a sua identidade de gênero, estando ligada às vestimentas, ao cabelo, à voz, à expressão corporal, a nomes e pronomes. Trata-se de um mecanismo que a sociedade utiliza para reconhecer as pessoas de forma generificada. A expressão de gênero não aponta necessariamente o gênero, a orientação ou a identidade. A maioria dos indivíduos descreve suas expressões de gênero como masculina ou feminina. No entanto, há outras, que não se enquadram nesse padrão binário (Polakiewicz, 2021).

MATRIZ DE IDENTIDADE: NOVAS PERSPECTIVAS

Para Moreno (1993), a identidade é formada durante um processo de desenvolvimento humano cuja base está na matriz de identidade. É nela que se iniciam as relações, interações e descobertas da criança, constituindo seu "primeiro universo". Ali a criança desenvolve a essência de seus processos emocionais. Esse primeiro universo termina quando a vivência infantil do mundo real vai dando lugar a um mundo de fantasia e realidade, iniciando-se o "segundo universo" — momento em que "a personalidade passa a estar normalmente dividida" (Moreno, 1993, p. 123). Assim, é a partir do segundo universo que os indivíduos começam a desenvolver dois tipos de papel: o social, mais ligado à realidade concreta, e o psicodramático, mais ligado à fantasia.

A matriz de identidade, segundo Moreno (1993), estabelece a comunicação entre a criança e o universo social da mãe, sendo classificada em três fases. A primeira fase é a *matriz de identidade total indiferenciada* ou *fase do duplo*, na qual a criança acredita que ela e a mãe são a mesma pessoa. Nesse estágio, o bebê não tem iniciativas próprias de ação, visto que alguém faz as coisas por ele. A segunda fase é a da *matriz de identidade total diferenciada* ou *fase do espelho*, na qual o sujeito percebe que ele e a mãe não são a mesma pessoa. A criança passa a se perceber como sujeito. A terceira fase é a da *inversão de papéis*, na qual o sujeito se vê como diferente daqueles a seu redor. Torna-se capaz de se colocar no lugar do outro e deixar que o outro se coloque em seu lugar. Essas capacidades são atingidas dependendo das relações estabelecidas com seus egos auxiliares (cuidadores) que mediaram o desenvolvimento e a maturação dessas fases.

Nery (2010) compreende que a matriz de identidade é o *locus* sociocultural em que a criança recebe e aprende seus papéis. É com base neles que nós nos construímos e aprendemos com nossas relações — tendo identidades, nos identificando, nos diferenciando e ao mesmo tempo nos reconstruindo. O "eu sou" é fluido e incorpora o "eu me torno".

Essa concepção do conceito de matriz de identidade é mais dinâmica; não visa categorizar uma possível falha de formação, um possível erro de finalização de determinada fase. Trata-se de um processo que se atualiza no aqui e agora, se encarna no presente do indivíduo enquanto ele atua seus vários papéis nos vínculos e grupos que se formam e reformam continuamente. Segundo Nery (2010, p. 60),

> o processo identitário nos mostra que a identidade faz parte da nossa formação pessoal e social. Ela nos faz pertencer a grupos, nos faz usufruir de nossas culturas e traz sentido para a nossa existência. A identidade é como um relevo num terreno, que me faz ver o outro como ele é e que faz com que ele me veja como eu sou. Porém, se eu aumento esse relevo e o torno mais alto do que minha espontaneidade-criatividade, passo a usar a identidade como arma para gerar violências e se tornar requisito de poder.

Assim, fica perceptível o movimento de transformações e adaptações exigido e esperado da matriz de identidade. Esse dinamismo traz sentido e sustentabilidade para a criação de novos formatos de ser e estar no mundo com novos papéis, novos vínculos e cocriando novas redes.

AUTOR E ATOR – MINHAS VIVÊNCIAS COM AS QUESTÕES DE SEXUALIDADE E GÊNERO

Sou o mais novo de três filhos. Éramos muito pobres, passamos grandes dificuldades e sofremos com a falta de acesso a itens básicos. Meus pais, sobretudo minha mãe, eram cristãos. Na minha infância, moramos em bairros periféricos de uma cidade do interior de Minas Gerais. Meu pai era analfabeto e minha mãe só concluíra o ensino fundamental. Minha mãe engravidou do primeiro filho com 16 anos — era uma adolescente que havia sido criada na zona rural. Meu pai, um pouco mais velho, vinha de uma família de 12 filhos criados unicamente pela mãe.

Desde bem pequeno comecei a perceber que era diferente dos meus dois irmãos. Eu gostava de outras brincadeiras, era mais delicado e sensível e tinha grande afinidade com o universo feminino. Ouvi diversas vezes falas que nunca esqueci, vindas principalmente do meu pai. Frases como "conversa direito, fala igual homem", "homem não senta assim", "que roupa é essa, que vergonha", "homem tem que ser forte".

Quando cheguei à idade de ir para a escola, descobri que aquele ambiente seria difícil. Lá eu era chamado de "bicha", "delicado demais", "menininha", entre outras alcunhas… Eu era excluído, fazia poucos amigos, ficava mais sozinho e focava em estudar, desenhar, cantar e dançar. Encontrei na arte um caminho para me expressar:

escrevia versos, cartas, fazia desenhos e encenava danças e peças. Eu precisava ser bom em alguma coisa.

Meus pais acabaram se separando quando eu tinha cerca de 11 anos. Na adolescência me descobri gay e me apaixonei por um amigo muito próximo. Porém, escondi esse sentimento por medo de perder sua amizade, por receio do que pensariam de mim. O tempo foi passando e as cobranças aumentando: eu precisava ter uma namorada, transar com garotas, falar de garotas. Eu me sentia deslocado e sem lugar, me pressionava ao extremo e tentava me encaixar de qualquer forma naquele ambiente.

Por causa das pressões, aos 16 anos, comecei a namorar uma vizinha. Depois de alguns meses juntos, ela engravidou. Fiquei desesperado, me perguntava como eu poderia ser pai tão jovem e sem gostar da garota. Mais uma vez me anulei, engoli meus desejos e vontades e assumi namoro e filho. Meus pais ficaram extremamente felizes; para eles aquilo era uma demonstração de que eu tinha sido "consertado". Porém, depois de algum tempo, a menina sofreu um acidente e teve um aborto espontâneo. Muito abalada, voltou para sua cidade de origem no Nordeste.

Fui morar com meu pai, que já estava casado com outra mulher. Eles eram evangélicos e, como disse antes, eu havia crescido com a ideia, vinda da religião, de que a homossexualidade era pecado. Mais uma vez tentei me encaixar nesse novo contexto para ser incluído e me sentir amado. Na religião, me fizeram pensar que o que eu sentia era errado, que eu precisava me converter, me livrar "daquilo" e pedir perdão por meus pecados e desejos. Só assim Deus me amaria.

Mais uma vez as pressões me levaram a tentar namorar uma garota. Ficamos juntos por alguns meses até eu ter a oportunidade de estudar balé clássico em outra cidade. A dança era minha maior paixão, me salvava de tudo, e de fato sempre foi um lugar seguro e revigorante para mim. Mudei-me para uma cidade grande e me senti um tanto perdido e triste. Resolvi, então, ir a uma igreja em busca de ajuda. Frequentei cultos de libertação, acreditando que Deus poderia curar minha sexualidade. Porém, foi mais uma vez uma tentativa frustrada: lá não me encaixei, tampouco fui acolhido e aceito. No entanto, encontrei um amigo que me aceitava e me amava como eu era, o que contribuiu para que aos poucos eu fosse aceitando minha sexualidade.

Mais tarde, entrei no curso de Psicologia e consegui entender melhor toda a violência que eu tinha vivido. Além disso, compreendi que não havia nada de errado na minha forma de amar. A psicologia transformou minha vida. Também fiz terapia, que foi fundamental em meu processo de autoaceitação. Como gostava de arte e dança, encontrei no psicodrama uma abordagem que fazia sentido e decidi me dedicar a ajudar pessoas LGBTQIA+, por meio da psicoterapia, a encontrarem uma forma de se aceitar e elaborar suas vivências.

O PALCO DA VIDA – CENAS E VIVÊNCIAS NAS RELAÇÕES ENTRE HOMOSSEXUAIS E SEUS FAMILIARES

Todos nós temos algumas ideias a respeito de quem somos. Elas começam a se formar na infância e vão sendo reforçadas ao longo da vida por nossos familiares, amigos e pelos ambientes que frequentamos. Em virtude do preconceito que sofrem, as pessoas LGBTQIA+ muitas vezes têm ideias extremamente negativas a respeito de quem são.

Muitas vezes, os indivíduos LGBTQIA+ são socializadas de modo a sentir que não são amadas pelo que são, o que os leva a procurar formas de ser amados ou de não ser rejeitados. Isso exemplifica o que Nery (2018) denomina *lógicas afetivas de conduta*, ou seja, crenças que geram condutas conservadas na tentativa de sermos aceitos ou de revidar as exclusões afetivas. A autora observa que dessas sensações de exclusão afetiva surgem personagens internos para ser vividos — "o errado", "o defeituoso". Tais personagens são fruto de cenas de discriminação e rejeição. A fim de exemplificar esse processo, seguem alguns casos de pessoas que atendi.

Henrique (homem, cis, gay, 54 anos)

"Mães que têm filhos LGBTQIA+ não morrem sozinhas." O cliente sempre apresenta a relação com a mãe como conflituosa. Ao mesmo tempo que deseja cuidar dela, que tem 74 anos, ele fala da relação permeada por preconceitos e violências discriminatórias por parte da mãe.

Henrique contou sobre sua sexualidade para a família já mais velho. Ele havia se casado com uma mulher e teve dois filhos, mas depois de várias tentativas percebeu que não conseguiria continuar o relacionamento. Após a separação, Henrique encontrou o homem com o qual viveu por quase 19 anos. Seu parceiro era muito conservador, pouco falava de sua vida e quase ninguém sabia de sua sexualidade. Fazia questão de manter as aparências; quando saíam juntos, em geral se portavam como amigos. Essa relação dentro dos padrões de certa forma permitiu que a família de Henrique a aceitasse. Sua mãe era muito amiga de seu parceiro e até o chamava de filho. Os dois, no entanto, acabaram se separando, pois para Henrique ficou insustentável manter aquela imagem falsa.

Aos 54 anos, ele decidiu viver sua vida, conhecer outras pessoas, viajar, realizar sonhos, mas internamente acredita que seu papel é cuidar da mãe idosa mesmo que isso interrompa sua jornada, sua felicidade. Pela lógica afetiva de conduta, o filho sente que, para ser amado, precisa abrir mão da própria existência para se dedicar por completo à mãe.

Nesse exemplo, vemos a matriz de identidade conservada em padrões cristalizados, papéis sociais rígidos e falta de espontaneidade na relação entre Henrique e seu parceiro, que buscava manter uma imagem conservadora. Uma das principais abordagens do processo de psicoterapia desse cliente é a rematrização dessas relações, dos papéis sociais e dos vínculos. Isso o ajuda a repensar a dinâmica do sistema relacional que constituiu essa matriz a fim de que ele mesmo, com suas autodescobertas, possa revisitar em cenas e personagens sentimentos de sua história e rever seus caminhos em ritmo próprio.

Cristiano (homem, cis, gay, 33 anos)

"Eu fazia de tudo pela minha família, estava sempre presente, dava tudo de mim, abdicava de coisas básicas da minha existência para dar tudo para eles, mesmo não recebendo nada de volta, nada! Eu só queria me sentir amado, aceito e respeitado". O cliente idealizou a família. Oriundo do Nordeste do Brasil, passou por grandes dificuldades, tendo enfrentado pobreza e escassez financeira e de afetos. Cristiano vivia de casa em casa, foi criado por inúmeras pessoas, era aceito em troca de prestar serviços. Vivia sobretudo nas casas das tias por parte de mãe, onde fazia de tudo: cuidava de primos mais novos, fazia faxina, aguentava humilhações e diferenças no trato. Tudo para ter um lar, um lugar pra chamar de seu, de casa. Mais uma vez, vemos aqui exemplificada a lógica afetiva de conduta, que gera personagens internos cristalizados.

Quando reconheceu sua sexualidade, na adolescência, Cristiano precisou ficar calado. Guardou para si seus sentimentos, viveu algumas aventuras escondido e, por não ter modelos, se colocou em relações perigosas. Nunca teve ninguém que o orientasse, que falasse sobre emoções, relacionamentos, sexualidade, sexo e autocuidado — ele foi obrigado a aprender na marra. Passou por experiencias ruins com supostos profissionais da psicologia e da psiquiatria, que chegaram a lhe dizer que ele deveria procurar tratamento por ser gay, que sua ansiedade, seu pânico e os sintomas de depressão se davam por sua sexualidade "errada". Alguns perguntaram se ele tinha infecções sexualmente transmissíveis só pelo fato de se dizer homossexual.

Por um longo período, Cristiano carregou consigo o estigma de inferioridade, a baixa autoestima e a insegurança. Depois de algum tempo se relacionando com homens, passou a usufruir de outras formas de cuidado, como encontrar alguém que o amasse e se distanciar daqueles que só estavam interessados em obter o prazer proporcionado pelo sexo. Apesar disso, ainda carregava consigo a ideia de obter amor incondicional da família por ele idealizada. Em virtude dessa idealização, só ele procurava os parentes, dava-lhes presentes, os socorria em todos os momentos, tirava de si para doar aos outros. Não conseguia perceber que não se tratava de relações recíprocas e verdadeiras; nutria esses vínculos e relacionamentos abusivos por medo do desamparo e pela necessidade de ter uma família.

Seu atual relacionamento foi difícil no início: havia paixão, entrega, intensidade, mas também muitos conflitos, pois a visão de mundo de seu parceiro era bem diferente da sua. Para Cristiano, a opinião das pessoas ainda tinha grande valor e importância. No trabalho, certos indivíduos tentaram lhe impor verdades e princípios religiosos, levando-o a crer que sua sexualidade e identidade eram "erradas". Surgiram diversos conflitos internos, muita ansiedade e crises de pânico.

Seu parceiro pediu que ele pedisse ajuda a profissionais. A princípio, Cristiano só o fez para obter medicação, pois tinha experiencias ruins anteriores, mas depois de um tempo conseguiu obter ajuda real.

No processo de psicoterapia psicodramática, ele encontrou um espaço para ser quem verdadeiramente era, um lugar sem julgamento, sem imposição do que é certo ou errado. Sentiu-se acolhido, aceito e encontrou no psicoterapeuta alguém que mediasse a construção de novas relações e o ajudasse a trabalhar a sua relação consigo mesmo. Esse processo possibilitou que Cristiano reconstruísse sua identidade, trazendo um novo olhar para as relações. Ele foi capaz de entender quem é de fato e como funciona sua nova matriz de identidade.

Breno (homem, cis, gay, 26 anos)

"Por volta dos meus 3 ou 4 anos, meu pai acreditava que eu tinha traços e comportamentos femininos, e isso o incomodava muito. Então, ele me levou a um farmacêutico, que era seu amigo, e por quatro meses recebi injeções de hormônios masculinos. Tenho sequelas disso até hoje, e esse episódio ficará para sempre registrado na minha mente." Nas sessões, Breno relata a difícil relação com os familiares. Os pais não aceitavam sua orientação sexual e isso era motivo de grande sofrimento para ele. Desde que era bem pequeno, o pai de Breno dizia que ele tinha um jeito afeminado e não aceitava que brincasse com aquilo de que gostava porque não era coisa de menino. Breno não podia chorar nem expressar suas emoções "porque homem não chora". Cresceu acreditando que era inadequado e fazia de tudo para agradar a todos a fim de se sentir aceito e amado pela família, algo que mais uma vez exemplifica o que Nery (2018) chama de lógica afetiva da conduta.

Na adolescência, Breno começou a questionar os valores e as imposições da família. Quando passou a conhecer realidades diferentes, percebeu que havia outras pessoas iguais a ele. Se apaixonou e começou a se relacionar com outros garotos. Nessa época, morava com a avó paterna e o pai. Um dia, um conhecido do pai o viu em uma balada com o namorado e contou a ele. Quando Breno retornou da festa, seu pai o agrediu, disse palavras horríveis e o expulsou de casa.

Breno tentou morar com a mãe, que havia se casado novamente e formado outra família. Ela era religiosa, de modo que a relação de ambos também era permeada por julgamentos e preconceitos. Depois de muito se anular, calar seus sentimentos e sua sexualidade, começou a trabalhar e engatou um novo relacionamento. O casal decidiu morar junto e buscar a tão sonhada autonomia, mas então começaram as dificuldades financeiras, relacionais e pessoais.

No início do processo de psicoterapia, foi necessário investir na relação, em um vínculo que respaldasse as possíveis próximas intervenções. Fomos olhando para sua história e compreendendo suas bases, suas origens e os marcadores da sua matriz de identidade que o fizeram ser quem era. Muitos aspectos haviam sido apagados e esquecidos, e com técnicas e ferramentas do psicodrama conseguimos reconstruí-los. Por meio de um trabalho árduo de resgaste da sua identidade, de retomada da compreensão e atuação dos seus papéis, chegamos a um novo formato para criar vínculos afetivos.

CONSIDERAÇÕES FINAIS

De acordo com Gonçalves (1998), a psicoterapia permite ao indivíduo desbloquear forças que, por circunstâncias diversas, se cristalizaram, impedindo o fluir da espontaneidade. A terapia auxilia o cliente a restabelecer canais de comunicação, facilitando a aprendizagem, o desempenho de papéis e o estabelecimento de novos vínculos. De acordo com Fonseca (2008, p. 150),

> a vivência psicoterápica, deixando de lado os procedimentos técnicos propriamente ditos, representa a possibilidade de novas "inscrições", de novas "marcas". Representa um processo relacional intenso, contínuo e na maior parte das vezes prolongado, que, além da possibilidade libertadora de cargas passadas, transferenciais, oferece a possibilidade de "repetir diferenciando" [...] ou reviver diferenciando.

Assim, rematrizar pode ser entendido como o ato de refazer, reconstruir, criar modelos de vínculos, de relações, de papéis, de uma nova matriz.

As pessoas da comunidade LGBTQIA+ costumam ser marcadas por diversas violências desde a infância, sendo a própria família um dos núcleos em que tais violências acontecem. Além disso, nosso país é campeão mundial no assassinato de membros da comunidade LGBTQIA+.

Tenho ciência de que os três casos discutidos aqui e a minha vivência são de homens, cis, homossexuais, três deles brancos e um negro, todos escolarizados. Esse recorte não representa a dinâmica de toda a comunidade, o que revela a importância de que outros trabalhos explorem as especificidades de vivências de outros grupos e sua interseccionalidade com questões de raça, classe e gênero.

No entanto, foi possível apresentar um olhar mais dinâmico e atual do conceito de matriz de identidade para compreender as dinâmicas na formação da identidade de pessoas da comunidade LGBTQIA+, considerando relatos e análises de vivências de homossexuais que nos ajudam a entender um pouco melhor as dificuldades e os atravessamentos que essas pessoas têm de enfrentar. Nosso entendimento é o de que o psicodrama pode facilitar o engajamento dos indivíduos nas lutas pela transformação da sociedade e pelo fim das diversas formas de opressão, construindo um *locus* em que todos e todas possam ser o que são com liberdade.

REFERÊNCIAS

Eutrópio, Anna Cláudia. *Psicodrama e sexualidade — Entre a teoria e a militância.* No prelo.

Fonseca, José. *Psicodrama da loucura — Correlações entre Buber e Moreno.* São Paulo: Ágora, 1980. [Edição revista: 2008].

Benedito, Vanda di Iorio et al. "Rematrizando a relação pais-filhos". In: Gonçalves, Camila Salles (org.). *Psicodrama com crianças — Uma psicoterapia possível.* 5. ed. São Paulo: Ágora, 1998. p. 43-51.

Moreno, Jacob Levy. *Psicodrama.* São Paulo: Cultrix, 1993.

Nery, Maria da Penha. *Grupos e intervenção em conflitos.* São Paulo: Ágora, 2010.

______. *Vínculo e afetividade.* 4. ed. São Paulo: Ágora, 2018.

Paiva, Camila Barbosa; Andrade, João Pedro Vaz da Trindade (orgs.). *Diálogos sobre a forma de ser e amar — A comunidade LGBTQIAP+. Cinema e as escolas brasileiras.* Uberlândia: Projeto Somos + Valentina, 2021.

Polakiewicz, Rafael. "Orientação sexual, identidade e expressão de gênero: conhecendo para cuidar da população LGBTI+". *Portal PEBMED*, 15 jun. 2021. Disponível em: https://pebmed.com.br/o-sexo-biologico-a-orientacao-sexual-identidade-de-genero. Acesso em: 26 out. 2023.

4. Afetividade, criatividade, comunidade e ancestralidade — Caminhos para a descolonização de subjetividades negras

Daniela Aparecida Cardoso da Silva

Este texto parte do pressuposto de que são urgentes e necessários a reflexão e o debate sobre as sequelas do contexto histórico do escravismo e do colonialismo, presentes até hoje na conserva cultural[1], no que diz respeito às vivências afetivas, amorosas, sexuais e familiares de pessoas negras.[2] A proposta deste recorte racializado se dá por entendermos que as pessoas negras são alvos diretos e indiretos de violências cotidianas que têm como base o racismo e seus mais diversos tentáculos.

Esse cenário afeta intimamente as relações sociais na dimensão afetiva, destinando a essas pessoas certas localizações relacionais, certos desempenhos imaginários. Por exemplo, não permite que um homem negro ocupe o lugar de pai amoroso ou parceiro afetivo que sofre pela pessoa amada, por hipersexualizar e hipervirilizar seu corpo. Ou, ainda, tende a enxergar uma mulher negra como libidinosa, mãe de filhos de pais diferentes. Assim, o determinismo de suas possibilidades afetivas e de constituição de família se dá tão somente pela pertença a um grupo racial.

Ademais, vale ressaltar a importância de incluir nesse debate as particularidades e peculiaridades de quem não corresponde ao espectro dual homem-mulher na perspectiva da cisgeneridade — como as

1 A conserva cultural, conceito importante da teoria moreniana, está relacionada aos costumes, ideias, valores, comportamentos e crenças presentes em determinada cultura que são preservados ao longo do tempo, podendo se apresentar de forma material (por exemplo, obras de arte) ou até mesmo ritualística (por exemplo, ritos religiosos). Dela também se parte para propor mudanças (matriz cultural).

2 Neste texto, o critério adotado ao referenciar "pessoas negras" é a classificação atualmente utilizada pelo Instituto Brasileiro de Geografia e Estatística (IBGE), que considera "negras" as pessoas que se autodeclaram de cor preta e parda.

pessoas não bináries, trans, travestis e intersexuais, que também ocupam esse espaço de disputa de afetos e lidam, diariamente, com tantas violências em sua vida afetiva e/ou sexual.

Falar sobre a afetividade de pessoas negras é tocar, fatalmente, no tema da colonialidade e de como esse fenômeno, em todas as suas dimensões, atravessa a subjetividade dessas pessoas.

Ora, vivemos em uma sociedade conservada culturalmente, em que o imaginário dos indivíduos é alimentado por uma referência universal do Ocidente, cujo representante padronizado é o homem branco (caucasiano), cisgênero, heterossexual, cristão, de preferência conservador, entre outras características, a quem se reconhece humanidade. Essa cosmopercepção é fruto do período colonial, no qual o regime escravocrata se instalou. Qualquer outro representante humano é uma variante desse padrão; quanto mais desviar dessa norma, menor será seu grau de humanidade, ou seja, menor o reconhecimento social que receberá.

Essa arena é enriquecida com a proposta terapêutica do psicodrama, que compreende a pessoa como parte protagônica das relações que se firmam ao longo de sua vida, por meio dos papéis sociais que desempenha nesses relacionamentos e das funções acopladas a esses papéis diante de seus antagonistas. Segundo Nery (2003), esses papéis se desenvolvem através do vínculo, que se fortalece ou enfraquece de acordo com a carga afetiva empregada nessa construção.

A constituição da subjetividade de uma pessoa se dá pelo processo relacional, que se estabelece com a dimensão grupal/social que a cerca. Trata-se de duas dimensões distintas por natureza, mas que se mostram interdependentes. É impossível considerar aspectos subjetivos de uma pessoa sem compreender que, nessa composição, também se encontram os valores, as ideias e os códigos do grupo social a que ela pertence. Somado a isso, esse grupo social e, em consequência, a conserva cultural na qual ele se insere sofrem modificações ao longo da história que, invariavelmente, resvalam nessas subjetividades e no modo como elas se constituem ao longo do tempo.

Na teoria socionômica de Jacob Levy Moreno, a relação entre essas duas dimensões foi amplamente observada, analisada e discutida, e uma de suas valiosas contribuições refere-se ao conceito de matriz de identidade. Para Moreno (1991), a matriz é o nascedouro de nossa subjetividade, de tudo que somos enquanto pessoa, pois é nela que se forma a nossa identidade, viabilizada pela rede relacional que se coloca diante de nós desde o grupo primário em que somos inserides — como a família, ou quem desempenhe esse papel em nossos primeiros meses/anos de vida, e os demais grupos de que faremos parte ao longo de nossa história.

É nessa rede relacional que as primeiras experiências afetivas acontecem, como o estar com alguém e separar-se dele, vivências de aceitação e rejeição, apego e abandono, amor e ódio, entre outras. A internalização dessas experiências acontece ainda nesse primeiro grupo, mas se sabe que ela não cessa: os papéis sociais que a pessoa desempenha na vida encontram-se em constante e inacabado desenvolvimento. E, assim como o grupo nos endereça experiências afetivas, o modo como nos localizamos e nos movimentamos nessa rede também interfere no funcionamento e no processamento das partes envolvidas, do grupo como um todo. Assim, trata-se de uma relação dialética de mútua afetação.

Vale ressaltar aqui a importância da afetividade como elemento constitutivo para que esses papéis sociais entrem em cena e desempenhem sua função, bem como a relação entre a nossa subjetividade e a dimensão social/grupal e coletiva presente na conserva cultural — que continua funcionando sob a égide da colonialidade, ainda que já existam e sejam reconhecidos movimentos estruturais decoloniais e anticoloniais.

SUBJETIVIDADES NEGRAS E COLONIALIDADE

Hoje, discute-se amplamente as relações étnico-raciais no país, sobretudo de que modo o racismo, como estrutura, organiza essas relações, tendo como um de seus efeitos o aniquilamento e o adoecimento das subjetividades negras.

Nesse sentido, é necessário contextualizar alguns elementos que compõem esse debate: o mito de que vivemos em uma democracia racial e a própria negação do racismo — que, segundo Telles, Zamora e Rozante (2021), "faz com que este fenômeno seja silenciado e, ao mesmo tempo, seja produtor de desigualdades e morte para não brancos". Os autores também apontam o desafio de aprofundar o debate acerca das questões raciais. Afinal, duas ideias perniciosas ocupam o imaginário dos brasileiros.

A primeira delas é a de que pessoas de etnias diferentes vivem em plena harmonia. Diversos estudos comprovam justamente o contrário: indivíduos não brancos, sobretudo negros e indígenas, estão completamente apartados de espaços sociais de saber e poder. Não ocupam postos de destaque nem assumem cargos relacionados às decisões. Há séculos, esses espaços e esses postos são preenchidos por pessoas brancas, o que evidencia um conflito racial em que um grupo goza de privilégios e outros são desfavorecidos histórica e estruturalmente.

Tão pernicioso quanto a ideia de convivência pacífica entre brancos e não brancos é o fato de a branquitude não reconhecer o racismo que perpetua há tantos anos. Agindo assim, negligencia quem sofre as consequências dessa prática sistemática e silencia um debate primordial, reduzindo a luta contra esse sistema à esfera individual, quando na verdade o contorno é coletivo e político.

Considerando que as subjetividades se constituem na relação com a dimensão social que a cerca, perguntamo-nos: qual é o terreno fértil para que as subjetividades negras floresçam com todo seu potencial, performando espontaneidade e criatividade[3], se historicamente as pessoas negras e os lugares que ocupam são invisibilizados? Além disso, considerando a afetividade um elemento fundamental para o desenvolvimento subjetivo do ser humano, e reconhecendo que há um projeto político em curso cujo efeito é o aniquilamento e o adoecimento de corpos e psiquês negras, que desdobramentos advêm daí? Que carga afetiva é endereçada a esses corpos? Que lugar afetivo ocupam?

[3] Espontaneidade e criatividade constituem conceitos basais para a proposta moreniana. Espontaneidade diz respeito à capacidade que a pessoa tem de, diante de uma situação nova, produzir uma resposta pertinente; ou, diante de um problema antigo, produzir uma resposta inédita. A criatividade seria a ação em si, enquanto a espontaneidade seria a prontidão para agir (Moreno, 1974).

Dito isso, é impossível debater subjetividade sem discutir identidade. A identidade, enquanto conceito, é o conjunto de características particulares que são atribuídas a uma pessoa e a diferencia das demais. É também um constructo relacional marcado, fundamentalmente, pelas diferenças, como afirma Woodward (2014). Nesse ponto, o reconhecimento da identidade de uma pessoa, ou mesmo de um grupo, depende de algo que está fora dela, daquilo que ela não é, mas fornece elementos para que se constitua. É por meio da identidade que processos de identificação acontecem, tanto no que diz respeito ao que pertence e pode ser atribuído a alguém, quanto ao que produz sentidos para que as partes de determinado grupo se admitam e performem como tal.

Por conseguinte, para que a identificação se estabeleça, é preciso compreender como a identidade tem sido retratada nessa dinâmica relacional, uma vez que, conforme também aponta Woodward (2014), a representatividade é uma questão de poder, pois determina quem é incluíde e quem é excluíde, a depender do sentido e dos significado socialmente produzidos dos fenômenos vivenciados pelas pessoas.

Se aqui estamos refletindo sobre identidade e subjetividade, entendendo que a subjetividade se ancora à medida que as relações com o que nos é externo nos molda, qual é o resultado desse processo para pessoas não brancas?

O objetivo deste texto é problematizar as subjetividades negras diante de um contexto social e cultural em que o racismo opera como balizador das relações e, inclusive, determina quem pode ou não acessar e/ou usufruir determinados espaços e condições dados naturalmente às pessoas brancas. Assim, a quem se atribui o lugar de representante-padrão da humanidade, em vários aspectos e dimensões?

Vale ainda ressaltar a importância da representatividade para edificar o imaginário social e cultural, uma vez que esse elemento dá base e contorna a construção de identidade, tangenciando diretamente o processo de identificação das partes e do grupo como um todo. Nesse sentido, é imprescindível apontar os efeitos do colonialismo, que culminou na escravização de pessoas negras, e da presente colonialidade

(Quijano, 2005), levando em conta como a dimensão afetiva da vida de pessoas negras é atravessada por essa lógica.

O sociólogo e teórico político peruano Aníbal Quijano, falecido em 2018, foi o precursor da teoria da colonialidade. Ele discute profundamente como a ideia de raça foi a principal referência para validar e legitimar o poder dos povos europeus sobre os demais, o que sustentou a dominação colonial, ocorrida em determinado período histórico, por meio da exploração em suas mais diversas e cruéis formas. Para o autor, esse processo não se encerrou com a independência dos países colonizados: a lógica da colonialidade se instaurou por intermédio da manutenção desse poder em diferentes esferas — como a colonialidade do saber e do ser — permanecendo até os dias atuais.

Segundo Quijano, como a diferenciação por raça gerou um sistema classificatório e de valoração entre os povos, também produziu, em território americano, outras identidades sociais — índios, negros e mestiços — a partir do "europeu" como padrão, estabelecendo os lugares e os papéis que cada uma dessas identidades assumiria, inclusive no que diz respeito a que posição hierárquica ocuparia, tendo esse funcionamento grupal, interno e externo, sido naturalizado.

Vale pontuar que os povos dados como dominados e suas características identitárias, seus traços fenotípicos, seus feitos, suas conquistas mentais e seus valores culturais foram associados ao lugar de inferioridade de maneira muito natural por quem se colocou no lugar de superioridade.

Mesmo com o fim do período colonial, posto o avanço do capitalismo e o início da "modernidade", essa lógica de dominação se perpetuou, angariando novos elementos e dados históricos. Com a abolição da escravatura em solo brasileiro, estabeleceu-se uma ótica genocida endereçada a corpos negros, que passaram a ser vistos como um obstáculo para o avanço social que se pretendia. Diante disso, diversas estratégias de aniquilamento, apagamento e silenciamento foram engendradas.

O Estado passou, assim, a escolher seu inimigo e a decidir como penalizá-lo e condená-lo. Diversos dispositivos asilares foram instaurados, como sanatórios e prisões, com o objetivo de manter essas pessoas apartadas do convívio social. Na sequência, estabeleceram-se políticas de branqueamento populacional, inclusive com artimanhas que facilitaram a imigração europeia, em uma lógica higienista e eugenista que chegou a contar com o apoio da psicologia da época — por meio de estudos, hoje sabemos, duvidosos, de caráter biológico, sobre corpos negros e não brancos. O objetivo era rotulá-los de violentos, pervertidos e cognitivamente inferiores (Nascimento, 2017).

Além de toda a objetificação e animalização aplicada a essas pessoas no período em que foram escravizadas, quando "postas em liberdade", elas continuaram sendo consideradas de menor valor, seus direitos permaneceram negados e elas se transformaram em alvo de uma violência tacanha que não obedece a outro indicador que não seja o quesito raça.

Nesse contexto, e considerando que o racismo antinegro, desde os seus primórdios, persiste, histórica e socialmente, como instrumento de dominação — que se moldou no decorrer do tempo, mas continua operante —, quais são seus efeitos nas subjetividades negras, inclusive no que diz respeito à afetividade e às vivências afetivas, seja no campo egóico, seja no campo relacional?

Retomando os conceitos de identidade, identificação, representação e representatividade, que definem e determinam espaços de disputas de poder, como se estruturam as subjetividades negras diante de um imaginário social baseado em uma lógica eurocentrada, que tem o homem branco cisgênero e heterossexual como seu representante? Quão complexa tem sido a vida de pessoas negras em um arranjo antinegro, branco, violento e violador de direitos? Se a identidade também se baseia no que não se é, como nutrir afeto por si e pelos seus quando a referência de amor, inteligência, beleza e capacidade é a pessoa branca? Como ser o que se é quando se aprende, desde muito cedo, nos diversos processos de socialização, a odiar sua estética, seu comportamento, sua história e seus marcadores culturais? Como viver, resistir e não adoecer diante dessa lógica que patologiza a inferioridade e privilegia o grupo que, por gerações, ocupa o lugar de superioridade?

Responder a essas perguntas é um desafio necessário. A cada ampliação da consciência da negritude e da branquitude, essas e outras indagações sócio-históricas e pessoais se tornam mais visíveis e palpáveis, tensionando e transformando a sociedade, em um processo macro e micropolítico. As cenas que resultam dessa tomada de consciência crítica permitem que as cenas reparatórias tenham lugar. O aprofundamento desse debate pode ser um caminho para as ações espontâneas e criativas, resultando em saídas inéditas para problemas antigos.

SUBJETIVIDADES NEGRAS E AFETIVIDADE

A afetividade entre pessoas negras foi historicamente negada, pois representava uma ameaça para quem se denominava superior, além de ser uma estratégia para torná-las "menos emocionadas" e mais "linha dura". É importante dissecarmos esse campo com o objetivo de compreender o que estamos chamando de afeto, que envolve as nossas emoções e o modo como lidamos com os nossos sentimentos.

Emoção é a nossa reação imediata a algo que vivemos e mexe conosco. Não implica um processamento mental, mas se forma a partir do que é vivido, que pode ou não ser agradável. Já o sentimento é uma construção, porque inclui a cognição, depende de como percebemos e avaliamos determinado fenômeno. Assim, sentimento é o resultado da percepção de nossas emoções.

Por conseguinte, afeto é o modo como expressamos nossos sentimentos e emoções — a emoção seria a parte sensorial do afeto; o sentimento, a parte processada cognitivamente dessas sensações. Ao longo de nossa existência, viveremos milhares de circunstâncias, as quais desencadearão emoções. Estas serão sentidas pelo nosso corpo e processadas mentalmente, de forma mais ou menos consciente. Transformadas em sentimentos, resultarão em afetos dos mais variados. O corpo é o veículo que nos permite sentir e elaborar mentalmente, bem como nos expressar afetivamente, tanto na relação que construímos conosco, como na que estabelecemos com o que nos é externo.

O afeto também diz respeito ao movimento relacional que acontece a partir de sua expressão. Somos seres relacionais e, portanto, todo o tempo somos afetados e afetamos aquilo e aqueles que nos cercam. Esse contato com o que nos é externo se dá pelo vínculo que estabelecemos com cada uma dessas partes, vínculo esse que vai se desenvolver a partir da afetividade. Em outras palavras, "seja o que for que realizemos em nossa existência: uma pergunta, um contato, os papéis que desempenhamos, nossos dramas, nossas comédias, tragédias ou nossos conflitos, tudo está permeado pela afetividade" (Nery, 2003, p. 19).

O vínculo é um elemento essencial para o nosso tráfego relacional. É por meio dele que nossos desejos são colocados na esteira da realização, seja no contexto familiar, profissional, amoroso, acadêmico etc. Nery (2003) explica que a socionomia diz respeito tanto à luta de uma pessoa pela sobrevivência em grupos, quanto à própria luta pela sobrevivência dos grupos — o que em ambos os casos se dá por meio dos vínculos.

Estar em grupo permite-nos experimentar a sensação basal de existência, garantindo-nos o ambiente ideal para que possamos expressar todo o nosso potencial criativo e espontâneo. Neste contexto, é o grupo quem dá condições para que o "eu" se forme, por meio do jogo de desempenhar e complementar papéis. Assim, individualmente, a pessoa angaria nutrientes sociopsíquicos para se desenvolver de forma subjetiva. Trata-se de uma relação dialética de interdependência dessas instâncias: eu-outro, eu-grupo, subjetivo-coletivo/grupal.

É impossível negar que, diante de uma sociedade em que o racismo atua de modo contundente, causando tanta desigualdade, sofrimento psíquico e violência, é hercúleo o desafio que se coloca para as pessoas negras ao enfrentar e resistir a esse projeto — sobretudo político, mas também histórico —, para o qual não há imunidade. Dele as pessoas não se livram nem saem ilesas.

Segundo o Instituto de Pesquisa Econômica Aplicada (Ipea), citado por Osorio (2021), a renda *per capita* média de famílias negras é duas vezes menor do que a de famílias brancas e se mantém estável desde 2009, o que nos leva a considerar o baixo potencial de mobilidade social dessas pessoas. De acordo com o Instituto Brasileiro de Geografia e Estatística (IBGE) (2022), 34,5% das pessoas que vivem abaixo da linha da pobreza são negras, enquanto 18,6% são brancas. Outro documento, também do IBGE (2023), aponta que, em 2022, a taxa de analfabetismo de indivíduos acima de 15 anos era de 7,4% entre pessoas negras e de 3,4% entre pessoas brancas. Porém, nas que estão acima de 60 anos, essa taxa se eleva consideravelmente: há 23,3% de analfabetos entre as pessoas negras e 9,3% entre as pessoas brancas. Se levarmos em conta o ensino superior, de quatro estudantes, somente um é negro.

No que tange ao mercado de trabalho formal, 69% dos cargos gerenciais são ocupados por pessoas brancas e 29,5%, por pessoas negras, sendo os vínculos de trabalho mais subalternizados ocupados, na maioria, por pessoas negras. Quando avaliamos a representatividade legislativa, das cadeiras empossadas por deputados federais, por exemplo, 75,6% são brancos, enquanto 24,4% são negros.

O *Atlas da violência* (Cerqueira, Ferreira e Bueno, 2021) indica que há uma intensa concentração de viés racial entre as mortes violentas que ocorrem no Brasil; desde a década de 1980, quando as taxas de homicídio cresceram em território nacional, o índice se elevou entre as pessoas negras, sobretudo as mais jovens. Esse documento informa que, em 2019, os negros representaram 77% das vítimas de homicídio, com uma taxa de homicídio de 29,2 por 100 mil habitantes. Já entre os não negros (soma dos amarelos, brancos e indígenas) a taxa foi de 11,2 por 100 mil habitantes. Assim, a chance de uma pessoa negra ser assassinada é 2,6 vezes maior do que a de uma pessoa não negra.

Em contrapartida, ao analisarmos a redução de 20,3% nos homicídios ocorrida entre 2009 e 2019, percebemos que, entre os negros, essa redução foi de 15,5%, e entre os não negros, de 30,5%. Porém, se considerarmos os números absolutos, no mesmo período, constaremos um aumento de 1,6% dos homicídios entre os negros, que passaram de 33.929 vítimas em 2009 para 34.446 em 2019, enquanto houve uma redução de 33% dos números absolutos de vítimas entre não negros: de 15.249 em 2009 para 10.217 em 2019.

Além de gerar todas essas desigualdades, demonstradas pelos dados citados, o racismo também tem desdobramentos psíquicos. O que significa ter de lidar com essa materialidade e com o imaginário simbólico que reserva às pessoas negras o lugar de subalternas, inferiores, feias, não desejadas, não amadas, preguiçosas, pouco capazes, desinteligentes e tantas outras características dadas naturalmente a esse grupo racial, em uma lógica na qual a branquitude, herdeira, se mantém hegemonicamente como o contrário e superior?

QUE POSSIBILIDADES E SAÍDAS TEMOS?

A visão africana mostra que os nossos ancestrais tinham riquezas materiais, sabedoria, organização social e política, habilidades físicas, cognitivas, comunitárias e espirituais, entre outros atributos, e que a escravização nos sequestrou desse passado e nos negou o conhecimento de nossas verdadeiras origens — tanto que uma das estratégias racistas utilizadas foi a de afastar as pessoas negras de suas histórias reais.

Para ilustrar, basta que recordemos como fomos ensinados/informados sobre esse período: aprendemos sobre o fenômeno dos quilombos, por exemplo, pelo viés da derrota. O que significava um quilombo vitorioso? A quem interessava apresentar essa perspectiva? Daí a importância de nos colocarmos no centro dessas cenas, de definirmos agendas e agência a partir de nossas demandas, porque, do ponto de vista da branquitude, nunca seremos suficientemente capazes de ocupar lugares ou assumir funções, sejam elas sociais, sejam psíquicas. Precisamos começar a contar nossas histórias.

Neste contexto, penso que um primeiro passo importante é pensar no adoecimento dos nossos afetos, e destaco a necessidade de nos entendermos como agentes protagônicos de nossas histórias, de nos colocarmos como corresponsáveis pelas relações que estabelecemos e totalmente atentes às nossas subjetividades. Além disso, é fundamental exercer nosso autorreconhecimento identitário e nosso autoamor.

O psicólogo, teórico social e pensador pan-africanista Amos Wilson, falecido em 1995, apontou que um dos efeitos do racismo é o de aniquilar e destroçar a capacidade das pessoas negras de se reconhecerem como herdeiras de um povo rico e majestoso (Wilson, 2021). É necessário que possamos olhar, acolher e tratar essas feridas cuidadosamente, mas que também possamos marchar rumo a uma proposta de retomada de nossas humanidades.

Apesar de a escravização do povo negro representar uma das maiores desgraças coletivas e um dos períodos mais cruéis e vis da memória da humanidade, resumir a esse tenebroso evento a realidade de pessoas africanas, sejam elas diaspóricas, sejam do continente, é perpetuar o ciclo de violência a elas infligido.

Wade W. Nobles (2009) — um dos expoentes da psicologia africana e professor emérito do Departamento de Estudos Afro-Americanos (*Black Studies*) da Universidade do Estado da Califórnia em São Francisco (Estados Unidos) — apresenta a ideia de que a escravização promoveu um "descarrilhamento"[4] na história das pessoas africanas, à medida que as retirou do seu curso natural, afetando suas relações familiares, educacionais, sociais, políticas, religiosas, culturais, filosóficas e ritualísticas até com o próprio continente. Tudo isso impacta a forma como a pessoa negra se enxerga, se percebe e lida com o mundo ao seu redor, descarrilhada do seu âmago civilizatório e deslocada para uma referência eurocentrada, que vai lhe conceder outro lugar relacional, desumanizado e totalmente indigno.

Nobles (2009) aponta ainda que, diante disso, é preciso voltar ao passado para compreender como os nossos antepassados encararam suas humanidades, como acolheram o resultado do trauma causado por esse processo e como resistiram e lutaram contra a desumanização que lhes foi endereçada. Agindo assim, criaremos outras narrativas e possibilidades, reelaborando nosso modo de existir para além da colonialidade e fortalecendo o nosso senso de consciência de ser africano. Para o autor, quando não nos reconhecemos nem admitimos nossa origem africana, deixamos de lado a nossa verdadeira capacidade de nos curarmos e de curarmos aos nossos, porque limitamos a nossa disposição ancestral de cuidado comunitário e nos distanciamos do melhor da nossa africanidade: a tarefa, coletiva, de curar a nossa raça.

4 "A metáfora do descarrilhamento é importante porque quando isso ocorre o trem continua em movimento fora dos trilhos; o descarrilhamento cultural do povo africano é difícil de detectar porque a vida e a experiência continuam. A experiência do movimento (ou progresso) humano continua, e as pessoas acham difícil perceber que estão fora de sua trajetória de desenvolvimento" (Nobles, 2009, p. 284).

Ou seja, uma das saídas para as pessoas negras é criar possibilidades de pertencimento e indicadores de nossas habilidades e competências sem ter apego à história da branquitude e a seus expoentes genocidas e usurpadores. Para tanto, além de resgatarmos a nossa história, precisamos nos reconectar com a nossa ancestralidade. Quando trago esse ponto, não estou falando apenas de religiosidade, mas de nos compreendermos como descendentes de uma história de sucesso, de um povo potente, marcado pela inteligência, pela beleza, pela riqueza e por muitos outros feitos — inclusive encontramos esses atributos em nossa carga genética. É recolocar o trem nos trilhos.

Também é necessário diferenciar o subjetivo do coletivo. Em nossa sociedade, hoje, há uma contínua disputa de poder, sendo impossível comparar determinadas situações. Enfrentar as desigualdades que se originam por diferenças raciais, quando essas desigualdades implicam violência, indignidade e desumanidade, requer grande esforço das pessoas negras. Ser alvo de um projeto de aniquilamento e adoecimento psíquico, historicamente engendrado, é uma das maiores injustiças presentes em nossa conserva cultural. Nada se compara a isso. Há um atravessamento de cunho social e político que opera nas subjetividades negras, e essa pauta, além de negligenciada por todos os atores sociais, é silenciada toda vez que se nega a sua existência. A máxima "não basta não ser racista, é preciso ser antirracista" é uma premissa para nosso avanço enquanto sociedade.

Diante disso, potencializo esta reflexão dialogando com bell hooks[5] (2021), estadunidense que foi professora, teórica feminista, artista, ativista antirracista e autora de mais de 30 livros e vários artigos acadêmicos, falecida em 2021. Ela nos apresentou como proposta a importância de vivermos o amor como ação — como um projeto ético e de responsabilidade coletiva/comunitária — em que a pessoa se compromete com o próprio crescimento espiritual, mas também com o crescimento do outro com quem se relaciona, sendo a dimensão espiritual não algo

[5] Pseudônimo de Gloria Jean Watkins, que se escreve com letras minúsculas. O nome foi uma homenagem à sua bisavó, porém o uso das letras minúsculas foi uma escolha intencional para dar destaque à sua produção, e não à sua pessoa.

religioso, mas uma força vital que está presente em cada um de nós. O mesmo disse Moreno (1991) sobre a nossa espontaneidade.

Por fim, mas deixando abertura para que esse debate avance, sendo eu uma mulher negra e uma psicóloga que trabalha com tantas outras pessoas negras, em minha clínica, meu quilombo, compreendo que é preciso pensar, avaliar, planejar e praticar estratégias efetivas e eficazes de enfrentamento ao racismo, não com o objetivo de dizimá-lo — porque talvez isso seja mesmo impossível —, mas de nos libertarmos subjetivamente dessa proposta colonial que se perpetua em nosso imaginário e no modo como nos relacionamos, seja conosco, seja com quem nos cerca.

É necessário que descolonizemos nossos afetos, que disputemos esse espaço de poder, essa narrativa, porque esse será o embrião de um novo sistema. É fundamental que nos reconheçamos como sementes de outro modo de viver, de estar e de amar, mas, ao mesmo tempo, que sejamos granadas do sistema que mantém a diferença como alimento da desigualdade, tão injusta para o povo negro.

REFERÊNCIAS

Cerqueira, Daniel; Ferreira, Helder; Bueno, Samira (coords.). *Atlas da violência 2021*. São Paulo: Fórum Brasileiro de Segurança Pública, 2021. Disponível em: https://www.ipea.gov.br/atlasviolencia/arquivos/artigos/5141-atlasdaviolencia2021completo.pdf. Acesso em: 3 nov. 2023.

hooks, bell. *Tudo sobre o amor — Novas perspectivas*. Tradução: Stephanie Borges. São Paulo: Elefante, 2021.

Instituto Brasileiro de Geografia e Estatística (IBGE). "Desigualdades sociais por cor ou raça no Brasil". *Estudos e Pesquisas*, Rio de Janeiro, n. 41, 2022. Disponível em: https://biblioteca.ibge.gov.br/visualizacao/livros/liv101972_informativo.pdf. Acesso em: 3 nov. 2023.

______. "Pesquisa Nacional por Amostra de Domicílios Contínua – Educação 2022". Diretoria de Pesquisas. Rio de Janeiro, 2023. Disponível em: https://biblioteca.ibge.gov.br/visualizacao/livros/liv102002_informativo.pdf. Acesso em: 12 nov. 2023.

Moreno, Jacob Levy. "The creativity theory of personality — Spontaneity, creativity and human potentialities". In: Greenberg, Ira A. (org.). *Psychodrama — Theory and therapy*. Nova York: Behavioral Publications, 1974. p. 73-84.

______. *Psicodrama*. Tradução: Álvaro Cabral. São Paulo: Cultrix, 1991.

Nascimento, Abdias. *O genocídio do negro brasileiro — Processo de um racismo mascarado*. 2. ed. São Paulo: Perspectiva, 2017.

Nery, Maria da Penha. *Vínculo e afetividade — Caminhos das relações humanas*. São Paulo: Ágora, 2003.

NOBLES, Wade W. "Sakhu Sheti — Retomando e reapropriando um foco psicológico afrocentrado". In: NASCIMENTO, Elisa Larkin (org.). *Afrocentricidade — Uma abordagem epistemológica inovadora*. São Paulo: Selo Negro, 2009. p. 277-297 (Coleção Sankofa, v. 4).

OSÓRIO, Rafael Guerreiro. *Texto para discussão — A desigualdade racial no Brasil nas três últimas décadas*. Brasília/Rio de Janeiro: Ipea, 2021.

QUIJANO, Aníbal. "Colonialidade do poder, eurocentrismo e América Latina". In: LANDER, Edgardo (org.). *A colonialidade do saber: eurocentrismo e ciências sociais — Perspectivas latino-americanas*. Buenos Aires: Clacso, 2005.

TELLES, Juan de Araújo; ZAMORA, Maria Helena Rodrigues Navas; ROZANTE, Rosangela Franklin dos Santos. "Colonialidade e racismo no Brasil — A raça em questão". *Polêmica*, v. 21, n. 2, p. 69-85, maio/ago. 2021.

WILSON, Amos. *Amos Wilson — Da PNL à epigenética*. São Paulo: Poder Afrikano, 2021. Versão em PDF.

WOODWARD, Kathryn. "Identidade e diferença — Uma introdução teórica e conceitual". In: SILVA, Tomaz Tadeu da (comp.); HALL, Stuart; WOODWARD, Kathryn. *Identidade e diferença — A perspectiva dos estudos culturais*. 14. ed. Tradução: Tomaz Tadeu da Silva. Petrópolis: Vozes, 2014.

5. Papel de mulher — É possível exercê-lo com espontaneidade?

Alliny Araújo

Desde sempre esteve esperando por você na sua floresta interior, uma mulher, a maior das maiores, sentada à beira da maior das maiores fogueiras. [...] *apesar de toda e qualquer luta... aquela mulher, a maior das maiores, em pleno espírito, está à sua espera, enviando pacientemente mensagens pelo sistema de raízes da sua psique de todos os modos possíveis.*

Clarissa P. Estés, *A ciranda das mulheres sábias*

UM SEGUNDO SEXO, O SUBORDINADO

A ideia de gênero é socialmente construída. Não sendo natural, determinada pela natureza, é portanto mutável, passível de transformação. Contudo, da Antiguidade até a contemporaneidade, o gênero, para o Ocidente, tem sido uma forma eficiente de categorizar e oprimir as pessoas, criar hierarquias e oposições binárias. Nesse tipo de conceituação, gênero está diretamente relacionado ao sexo biológico.

Qualquer pessoa que ouse ultrapassar esses limites claramente estabelecidos na cis-heteronormatividade está fadada a sofrer repressões e preconceitos diversos. É marginalizada, tratada como o diferente que, de alguma forma, precisa ser combatido, pois ofende a norma vigente e abala as estruturas de poder criadas para controlar corpos, cercear liberdades e manter um sistema que chamarei aqui de triádico — composto por patriarcado, racismo e machismo —, tendo o capitalismo como suporte e parasita.

Neste capítulo, realizo uma análise psicodramática do papel social da mulher cisgênero, abordando, sobretudo, as condições vexatórias e de exploração a que são submetidas. Examino as relações de poder a partir dos posicionamentos binários em que são colocados os homens e as mulheres cis e aponto as dificuldades no emprego da espontaneidade no desempenho de papel de gênero feminino em uma sociedade ainda tão patriarcal, racista e machista.

Falo a partir de uma perspectiva única que me foi apresentada até que eu atingisse a maturidade: a de ser uma mulher cisgênero, por ter nascido, crescido e estado durante toda a vida imersa numa realidade cultural criada a partir da visão eurocêntrica de mundo, em que as únicas possibilidades de identificação são generificadas. Enquanto experiência humana, também falo da perspectiva de alguém que, apenas por ser lida como mulher, sofreu (e ainda sofre) opressões e abusos psicológicos, físicos e emocionais.

Diariamente, nosso corpo é tratado como objeto sexual; nossa inteligência é questionada e a beleza colocada como prioridade máxima; nossa sexualidade é fetichizada e temos de fazer um esforço muito maior do que os homens para alcançar metade das oportunidades que parecem lhes ser oferecidas de bandeja. Como escreveu Simone de Beauvoir (2009), somos tratadas como segundo sexo. Inferior ao masculino, subordinado, subjugado e frágil.

Em termos religiosos, nossa origem é uma costela, portanto, carne de segunda! E, quando esmiuçamos a história bíblica, percebemos que a mulher foi criada para ser uma mera companheira de Adão — que, após ter realizado todo o trabalho de pensar, conceituar, definir o mundo à sua volta, se sentiu sozinho. Então Deus, que também parte de uma ideia generificada e é homem (branco, inclusive), nos criou como recompensa.

Não somos legitimadas na completude do nosso ser, pois desde o princípio somos vistas como parte, nunca como inteiras. Atreladas ao macho que nos concede um pedaço do seu corpo para nos dar a vida, devemos a ele reverências e profunda gratidão simplesmente por existirmos. Devemos ainda nosso corpo, nosso silêncio, nossa subserviência.

É ingênuo aquele que é incapaz de perceber que essas histórias que nos são ensinadas não constituem meras parábolas inocentes ou românticas. Ao contrário, fazem parte da teia de um sistema em que "legisladores, sacerdotes, filósofos, escritores e sábios se empenharam em demonstrar que a condição subordinada da mulher era desejada no céu e proveitosa à Terra" (Beauvoir, 2009, p. 20).

Sendo as religiões também instituições tecidas por homens, elas refletem esse desejo de dominação e poder. É por isso que, "desde a Antiguidade, moralistas e satíricos deleitaram-se com pintar o quadro das fraquezas femininas" (Beauvior, 2009, p. 20) e nos colocaram nesse lugar de culpadas por todas as mazelas humanas — inclusive a de termos comido o fruto proibido e provocado nossa expulsão do paraíso.

Esse pensamento, por mais antiquado e antigo que possa parecer, reverbera até hoje no imaginário coletivo. Até em contextos em que somos claramente vítimas, nos mais variados tipos de crime, a pergunta prioritária para um número absurdo de pessoas é: o que fizemos para merecer tal infortúnio? A culpabilização faz até mesmo que muitas mulheres escolham não denunciar violências que sofrem para evitar ser violentadas outra vez por quem as deveria amparar e proteger.

É latente e quase palpável a desumanização da mulher em várias esferas da vida humana: na pornografia, na maternidade, nas escolhas profissionais, nos relacionamentos, na ciência, na política. Somos silenciadas de inúmeras maneiras, ainda que estejamos aos berros. Pressionadas de tantas outras. Violentadas todos os dias, inclusive intelectualmente. E, se para Beauvoir (2009) a mulher é sempre um outro, a mulher negra, segundo Kilomba (2019), seria o outro do outro, estando em um plano social ainda mais vulnerável.

De acordo com Federici (2017, p. 27), "as mulheres sempre foram tratadas como seres socialmente inferiores, exploradas de modo similar às formas de escravidão". Assim, quando Beauvior (2009) diz que a humanidade se reparte em duas categorias de indivíduos, fica claro quais deles são destinados à segunda classe, a salários menores, à sobrecarga de trabalho, à invisibilidade na política e em lugares de poder social: as mulheres brancas. Isso porque mulheres negras, indígenas e trans ainda estão em outra categoria, uma terceira classe.

Às mulheres ainda são negados vários direitos essenciais, que aos homens se concedem com grande privilégio. O direito à liberdade de ir e vir, sem medo de ser estuprada ou morta, por exemplo. O direito de tomar decisões relacionadas ao próprio corpo, como realizar um aborto ou até mesmo colocar um dispositivo intrauterino (DIU) — até 2022, muitos planos de saúde exigiam a autorização do marido para realizar o procedimento. De não ser discriminada única e exclusivamente com base no gênero.

Como bem afirma Beauvoir (2009, p. 74), só poderemos alcançar a igualdade que buscamos quando tivermos "direitos juridicamente iguais, mas essa libertação exige a entrada de todo o sexo feminino na atividade pública". Essa é uma realidade ainda bem distante. De acordo com um estudo realizado pela União Interparlamentar em 2021 (Vieira e Janone, 2021), levando em conta as eleições federais ocorridas entre 1997 e 2018, no Brasil as mulheres ocupam apenas 15% das cadeiras da Câmara dos Deputados e 12,4% do Senado.

A mesma matéria traz dados do Instituto Brasileiro de Geografia e Estatística (IBGE) que mostram que mulheres cis representam 51,5% da população do país, mas pela Lei n. 9.504/97 apenas 30% das vagas de cada partido ou coligação devem ser destinadas ao gênero feminino. Somente em quatro países do mundo observamos um equilíbrio ou pequena vantagem. Em Ruanda, 61,3% do parlamento é constituído por mulheres; em Cuba, ocupamos 53,4% do espaço político; na Nicarágua, 50,6%; no México, 50% (Vieira e Janone, 2021).

Esses dados nos mostram "o quanto a ingenuidade política que tem caracterizado a situação da mulher nesse mundo machista ainda persiste" (hooks, 2019, p. 44). Se compomos maioria numérica, inclusive enquanto eleitoras, por que ainda somos colocadas nesse papel secundário, coadjuvante, subalternizado, ainda que há séculos estejamos lutando contra esta estrutura de poder? Podemos pensar em algumas hipóteses.

Beauvoir (2009) afirma que a ação das mulheres que estavam à frente da luta feminista no início do movimento nunca passou de agitação simbólica, que só ganhamos o que os homens concordaram em conceder. De acordo com hooks (2019, p. 48) isso torna "evidente que a sociedade é mais receptiva àquelas demandas 'feministas' que não oferecem nenhuma ameaça ao *statu quo* e, eventualmente, até podem ajudar a preservá-lo". Isso significa que o feminismo ainda não conseguiu poder para transformar a lógica de dominação.

Embora o feminismo tenha surgido para reivindicar direitos de liberdade e igualdade no século 19 — período em que a mulher cisgênero e, em geral, branca era confinada ao lar, submissa, tratada como objeto de procriação e propriedade dos homens, perante os quais tinha o dever de obediência e subalternidade —, na sua quarta onda, o movimento continua enfrentando lutas semelhantes às da primeira. Na contemporaneidade, as mulheres ainda deparam com contextos de "opressão, discriminação, preconceito, desigualdade, exploração e de injustiça difundida por todo o mundo", sofrendo "desvantagens em relação ao homem" (Silva, Carmo e Ramos, 2021, p. 102).

Isso acontece porque, para Beauvoir (2009) e hooks (2019), as mulheres não conseguiram reunir meios concretos de formar uma unidade suficientemente forte para se afirmar como oposição. Até porque inexiste consenso sobre o que vem a ser o feminismo, nenhum denominador comum ou um conjunto claro de definições consensuais que edifiquem uma teoria ou possibilitem uma práxis significativa (hooks, 2019).

A primeira onda feminista buscava principalmente igualdade, acesso à educação e relações simétricas no casamento. A segunda onda, iniciada apenas nos anos 1960, almejava sobretudo questionar a ideia do ser mulher, a feminilidade, a inferioridade que parecia naturalizada, despontando nesse momento o pensamento de Beauvoir. Perto dos anos 2000, a terceira onda começou a pensar a diversidade feminina e a inserção fundamental de demandas específicas, como as das mulheres negras, homossexuais, transexuais. Na contemporaneidade, a partir de 2010, a quarta onda inclui o ativismo virtual, ampliando ainda mais a diversidade do feminismo (Silva, Carmo e Ramos, 2021). Apesar disso, o movimento feminista parece nunca ter atingido a coesão necessária para romper com a lógica de dominação patriarcal.

A fim de entender o motivo dessa dificuldade, devemos lembrar que "a grande maioria das mulheres que tem se beneficiado de algum modo das reformas sociais promovidas pelo feminismo não quer ser vista como feminista" (hooks, 2019, p. 49). Algumas das que participam ativamente do movimento relutam em tornar público seu compromisso com a causa, enquanto outras zombam do termo. "Podem chegar ao ponto de criar outros termos para expressar sua preocupação com as questões da mulher, em vez de usar o termo 'feminista'" (hooks, 2019, p. 49).

Segundo Wolf (1992), a negação de pertencer ao movimento feminista, o qual mesmo com tantos problemas tem nos trazido benefícios e amplitude de direitos, vem de um imaginário social, fomentado pelo patriarcado, de que as feministas são extremistas, feias, sujas, mal-amadas e até mesmo lésbicas ou isentas de qualquer tipo de sexualidade ou vaidade. Segundo hooks (2019, p. 55), "mulheres de grupos étnicos explorados e oprimidos às vezes descartam o termo porque não querem ser vistas como apoiadoras de um movimento racista; o feminismo geralmente é associado à luta das mulheres brancas por direitos". Muitas mulheres consideram o feminismo sinônimo de lesbianidade; por serem homofóbicas, evitam se vincular a qualquer grupo identificado como pró-lésbicas. Algumas temem a palavra "feminismo" porque não querem se identificar com nenhum movimento político, especialmente aqueles vistos como radicais. Tais mulheres não querem de forma alguma ser associadas ao movimento feminista, colocando-se à margem dele e contra ele.

Assim, embora tenha havido uma revolução cultural empreendida pelo movimento feminista contemporâneo que mudou nossa forma de ver o mundo, de trabalhar e até mesmo de amar, ela não é sustentável. "Não acabou com o patriarcado, não erradicou o sexismo nem a exploração e a opressão sexistas. Em consequência, os ganhos feministas estão sempre em risco" (hooks, 2019, p. 21).

Isso porque existem mulheres que exploram outras mulheres, seja no campo do trabalho, na luta por direitos ou na produção de epistemologias. Desde a primeira onda do feminismo, mulheres negras enfrentam o impasse que o movimento instaurou no século 19: a universalização da categoria de mulher. De acordo com Ribeiro (2019), somente na terceira as intersecções de raça, gênero, orientação sexual e classe foram atribuídas de maneira mais concreta, sobretudo com as contribuições de Judith Butler.

Numa lógica capitalista que sobrevive por meio da exploração, talvez seja mesmo impossível acabar com o patriarcado, mas que isso não se torne uma forma de sujeitar vidas, pois as lutas feministas obtiveram muitos ganhos e, ao continuarmos transformando (e resistindo) nossas relações micropolíticas, poderemos avançar e atingir espaços mais profundos e maiores da nossa sociedade.

Também não podemos responsabilizar exclusivamente o feminismo pela incapacidade de acabar com a exploração das mulheres brancas, pretas, trans e indígenas. Existem diversas correntes do movimento e, também, uma estrutura sociopolítica que subalterniza e condiciona esses corpos a aceitarem, até com naturalidade, sua condição de mulheres inferiorizadas, sobretudo aqueles que vivem à margem dos marcadores sociais — pretas, pobres e faveladas. Assim, há uma falha importante no movimento, talvez a maior delas: o fato de ele nunca ter sido protagonizado pelas mulheres que mais sofrem, as pretas e pobres

> que são diariamente subjugadas, mental, física e espiritualmente — mulheres sem o poder de mudar suas condições de vida. Elas formam uma maioria silenciosa. E é característico dessa condição de vítima que elas aceitem o destino que lhes é imposto sem nenhum questionamento, sem nenhum protesto organizado, sem articular de forma coletiva sua raiva e sua fúria. (hooks, 2019, p. 27)

Enquanto isso, nós, mulheres brancas de classes sociais privilegiadas, não resistimos de forma organizada ao sexismo por este não significar completa impossibilidade de escolha. Assim, até temos consciência dos preconceitos que sofremos, mas sem associá-los necessariamente à opressão, pois "a ausência de restrições extremas leva muitas mulheres a ignorar os domínios nos quais elas são exploradas ou discriminadas" (hooks, 2019, p. 31) — algumas podendo até acreditar que nenhuma de nós é, de fato, oprimida.

Além do racismo estrutural, da transfobia, da lógica capitalista e da separação dos corpos femininos por marcadores sociais que nos afastam uma das outras — jovens das velhas, brancas das negras, ricas das pobres etc. —, outro motivo para que no Ocidente a mulher seja naturalizada como submissa no sistema patriarcal é o fato histórico que ficou conhecido como "caça às bruxas".

Nesse período sombrio da nossa história, todas as mulheres que eram "grandes genitoras de gerações de ideias, processos, genealogias, criaturas, períodos da sua própria arte... sempre se tornando mais sábias e se manifestando dessa forma" (Estés, 2007, p. 14) foram vítimas do epistemicídio cultural, conceito de Grosfoguel (2016) que diz respeito à destruição de conhecimentos por meio da dizimação dos seres humanos que os produziam.

É o que Federici (2017, p. 22) chama de "tipo distinto de cercamento: o cercamento do saber, isto é, a crescente perda, entre as novas gerações, do sentido histórico de nosso passado comum". E, para alcançar esse feito, muitas mulheres como "a herege, a curandeira, a esposa desobediente, a mulher que ousa viver só, a mulher *obeah*[1] que envenenava a comida do senhor e incitava os escravos à rebelião" (p. 24) e tantas outras foram assassinadas.

Por trás de todo o massacre ocorrido no período de caça às bruxas está a concessão aos homens do monopólio do conhecimento, do poder de definir a verdade, de pensar a realidade e o que é melhor para os demais. Isso gerou instituições e estruturas sistêmicas que produzem e reproduzem, até hoje, violências como o sexismo, a misoginia, o machismo etc.

Esse monopólio de conhecimento sobre o ser humano, a política (que elabora as leis de controle sobre nosso corpo), a religião (que dita as nossas possibilidades em termos morais), a ciência (ainda dominada pelos homens) e todos os aspectos importantes e estruturais que compõem a nossa sociedade desqualificam "outros conhecimentos e outras vozes críticas frente aos projetos imperiais/coloniais/patriarcais que regem o sistema-mundo" (Grosfoguel, 2016, p. 25). Inclusive, o que pensamos ser mulher ou qualquer aspecto da feminilidade chega até nós pelo viés desses homens cisgêneros, brancos, ocidentais, que

[1] Obeah, Obiah ou Obia é o culto de ancestrais africanos que conta com elementos do candomblé brasileiro, da santeria cubana e do vodu haitiano, além de ser permeada por crenças cristãs. [N. E.]

nos definem não a partir de nós mesmas, mas em relação a eles, a suas necessidades, percepções e conveniências.

Para Beauvoir (2009), a história da humanidade foi feita pelos homens e, embora as mulheres tenham começado a tomar parte na elaboração dessa história, ela ainda está sendo escrita em um mundo que pertence aos homens. Para manter esse pertencimento e o protagonismo do macho nesse enredo que vem sendo escrito é que "o conhecimento produzido por mulheres (ocidentais ou não ocidentais) é também visto como inferior e fora do elenco do cânone do pensamento" (Grosfoguel, 2016, p. 28).

Para o gênero feminino, a autonomia aparece como uma busca e uma luta incessante de poder ser e existir nos espaços-relacionamentos. Nós, mulheres cis, somos o que os homens cis decidem que sejamos, a partir dos seus medos projetados, da necessidade de nos manter sob constante ameaça e da manutenção de relações perversas de poder.

Muitas vezes nos encontramos cristalizadas na forma como desempenhamos o nosso papel social de mulher, pois ele está atrelado a uma construção feita por aqueles que desempenham o contrapapel de homem (isso pode ser compreendido como uma das causas da transfobia, por negar e apagar existências que fogem do seu modelo idealizado do que significa ser mulher/homem na cisgeneridade). Por isso, é muito difícil que conquistemos autenticidade na *performance* desse papel.

Se os símbolos, atribuições e signos designados ao papel de gênero feminino foram criados pelo seu oposto (oposto esse que jamais poderia definir de fato o que é algo do qual não faz parte, não conhece em essência nem vive na pele), quase tudo que está posto na contemporaneidade em relação às feminilidades e como exercê-las enquanto papel social pode — e deve — ser questionado. Agindo assim, resistimos e procuramos novas saídas para que possamos exercer a nossa autonomia.

EXISTE ESPONTANEIDADE POSSÍVEL NO PAPEL DA MULHER?

Ao criar sua teoria de papéis, Moreno (1975) afirmou que o ser humano começa a desempenhar papéis antes mesmo do surgimento do eu, uma vez que o eu, enquanto construção de uma personalidade, para ser identificado e experimentado por alguém, precisa passar por um desenvolvimento gradual que inclui vínculos operacionais e os conglomerados de papéis sociais, psicológicos e fisiológicos.

Isto é, só nos tornamos quem aparentamos ser, com todas as nossas formas de expressão, crenças e valores, após várias experimentações que começam na fisiologia, atravessam o desenvolvimento da nossa psique e culminam nas relações, a partir da nossa matriz de identidade — esse "lócus donde surgem, em fases graduais, o eu e suas ramificações, os papéis" (Moreno, 1975, p. 25) — até os átomos sociais em que vamos sendo inseridos e nos quais nos inserimos ao longo da vida.

Para o autor (Moreno, 1975, p. 113), "todo o papel é uma fusão de elementos privados e coletivos [...] e um papel compõe-se de duas partes: o seu denominador coletivo e o seu diferencial individual". Contudo, na nossa cultura, o papel de mulher, do ponto de vista coletivo e individual, está intrinsicamente ligado a concepções masculinas, a partir de perspectivas de homens que pensaram, filosofaram, teorizaram, escreveram sobre nossos desejos, comportamentos, formas de amar, andar, vestir, falar — enfim, de ser e estar no mundo.

O que nos leva a pensar em uma problemática em que a conserva cultural é a "cristalização de uma ação criadora em um produto que passará a integrar o acervo cultural de uma determinada sociedade" (Menegazzo, 1995, p. 62). Se "a cultura de uma sociedade é configurada pela soma dessas conservas culturais, que formam o fluxo que assegura sua sobrevivência e ao qual a sociedade recorrerá para educar seus membros" (ibidem), que tipo de referência no papel de mulher nos é oferecido nessa sociedade profundamente patriarcal? Qual é a educação fornecida no sentido do ser mulher? Que ações criadoras permanecem cristalizadas no imaginário social em relação ao papel feminino? Uma coisa é fato: essa sociedade assegura sua sobrevivência às nossas custas.

Essa dinâmica me intriga, dilacera e dói de forma tal que nem consigo expressá-la em palavras. Parece que nada será capaz de desfazê-la. É como se sentisse um esvaziamento pessoal, das minhas ancestrais e de todas as mulheres do mundo que me compõem enquanto ser humano.

É isso: me sinto vazia. Porque, nesse mundo criado pelos homens, todos os signos, símbolos, imagens, arquétipos e desenvolvimento de papéis talvez não façam sentido algum para nós.

Para além do "quem sou eu e qual é meu propósito no mundo" como ser humano, tenho me interessado saber mais sobre "quem sou eu e qual é meu propósito no mundo" enquanto mulher, inclusive para pensar a possibilidade de transcender e diluir gênero ou integrar toda a gama de expressões humanas atreladas ao masculino — o que nos daria a força, a agressividade e a assertividade necessárias para lutar. Não uns contra os outros, mas a favor de um sistema-mundo menos separatista e mais propenso ao encontro, inclusive dos polos masculino e feminino pelo que são e não pelo que o poder, o desejo de dominação e superioridade os fizeram ser.

Como acreditava Moreno (1975), os papéis sociais, como forma de funcionamento que um indivíduo assume no momento que reage a uma situação específica, produzem o que chamamos de sociedade. Se esses papéis mostram-se corrompidos por algum motivo, adoecemos e, em consequência, a sociedade como um todo também adoece. O desempenho de papel de gênero, ainda mais em uma cultura que privilegia o binarismo, é fundante e de grande importância, pois se reflete em quase todos os outros papéis que desempenhamos na vida.

Espera-se que cada um de nós esteja à altura do papel que nos foi colocado como "oficial" dentro do binarismo. E é do papel "penetrar no inconsciente, desde o mundo social, para dar-lhe forma e ordem [...], mas o indivíduo anseia por encarnar muitos outros papéis do que aqueles que lhe é permitido desempenhar, e mesmo dentro de um mesmo papel, assumir variedades dele" (Moreno, 1975, p. 28).

A vasta gama de expressões humanas — que deveriam nos ser oferecidas como possibilidades criativas — é o que nos propicia saúde psíquica e permite que sejamos espontâneos. Inclusive, Moreno (1975) afirma que todos nós estamos cheios de diferentes papéis em que desejamos estar ativos e, quando isso não se concretiza, o papel manifesto é pressionado, o que produz sentimentos de ansiedade, entre muitos outros adoecimentos.

O que entendo aqui como papel oficial manifesto é o de ser mulher cis. Vivendo no Ocidente, em um local colonizado, catequisado pela cultura judaico-cristã — em que imperam a cis-heteronormatividade e o binarismo como forma de experienciar gênero —, esse é o pano de fundo de tal papel. Ainda que exercendo outros papéis, como os de aluna, psicodramatista, esposa, filha, tia, empresária etc., o ser mulher está presente, me acompanha, delineia a forma de desempenhar todos os outros.

Pensando na possibilidade de que a espontaneidade e a criatividade beneficiem a saúde psíquica do ser humano no desempenho de seus papéis, uma pergunta que fica latente dentro de mim é a seguinte: como nós, pessoas identificadas como mulheres, podemos ser espontâneas em tal desempenho se há delimitações tão claras impostas pelo patriarcado, pelo racismo e pelo machismo?

Segundo Moreno (1975, p. 37), "os processos de cura mental requerem espontaneidade para serem eficazes". Aqui, o conceito de espontaneidade é entendido como a "resposta do indivíduo a uma nova situação — e a nova resposta a uma antiga situação" (p. 97), não no sentido de adequação ao que é exigido socialmente, mas a si mesmo, à própria necessidade e possibilidade genuínas, inclusive como forma de abrir "novos horizontes para o desenvolvimento da raça humana" (p. 101), levando a teoria ao seu contexto social.

O que perturba esse desenvolvimento é a importância, para um sistema forjado na opressão e na necessidade de subserviência de um gênero a outros, da manutenção de conservas culturais que dificultam o acesso ao espontâneo e criativo de cada um de nós. Inclusive, Moreno (1975, p. 97) alerta que

> testes psicológicos de surpresa comprovaram que as pessoas fatigadas, com os nervos esgotados e governadas por máquinas [...] não têm reações rápidas nem respostas inteligentes, organizadas, para se opor a golpes bruscos que parecem provir de nenhuma parte. Quando o comparamos com muitas outras funções cerebrais, como a inteligência e a memória, o sentido de espontaneidade demonstra estar menos desenvolvido. Talvez isso se deva ao fato de que, na civilização de conservas

que criamos, a espontaneidade é muito menos utilizada e treinada do que, por exemplo, a inteligência e a memória.

Isso só comprova que o controle excessivo imposto ao corpo, ao comportamento, à forma de se comunicar, de se expressar, de viver a sexualidade feminina — além de outras ferramentas de cerceamento de liberdade, como pouco acesso a cargos de poder, menor ganho salarial, maior preocupação com a aparência e com a reputação — e a toxicidade intencional para ampliar a misoginia, o sexismo e o machismo não são meras coincidências. Lembrando que tais problemas se intensificam quando estamos falando de mulheres negras, indígenas e trans.

O fato é que "o processo de escolha de um indivíduo pode expandir-se ou decrescer segundo o fator espontaneidade" (Moreno, 1975, p. 102), e não é interessante para essa configuração de sociedade que mulheres tenham escolhas. Se tivéssemos, é certo que tal configuração seria obrigada a mudar, a se adaptar, a também ser espontânea para acolher os seres espontâneos que a compõem.

É interessante que estejamos sempre no *role-taking*, que para Moreno (1975, p. 113) se configura quando adotamos "um papel acabado e plenamente estabelecido", que "não permite variação alguma ao indivíduo, grau nenhum de liberdade". Alcançar o *role-creating*, a criação de papéis, que nos permitiria um alto grau de liberdade, ainda é utopia para muitas de nós.

Se estamos imersas num sistema que, há séculos, mina nossa potência, cerceia nossa liberdade, nos priva de escolhas e privilegia o poder masculino, como acessar essa espontaneidade sem nos ater a essa subjetividade construída, já deturpada? Como alcançar, por exemplo, o que propõe a fenomenologia quando fala da "coisa em si mesma"? O que, nesse universo repleto de vozes e olhares de homens, é essa coisa em si mesma que chamamos de mulher?

A INVENÇÃO DA MULHER

Para quem nasceu no Ocidente, dizer que mulher (e homem, por conseguinte) é algo inventado soa quase bizarro ou uma tentativa desesperada de descontruir um gênero que já nos aprisionou tanto com suas imposições. Mas o fato é que nem todas as culturas estão atreladas ao binarismo e sofreram sua influência. Algumas delas, como a dos povos iorubás, não definiam gênero.

De acordo com a pesquisadora e socióloga nigeriana Oyèrónkẹ́ Oyěwùmí, que tem origem iorubá, "a categoria "mulher" — que é fundacional nos discursos de gênero ocidentais — simplesmente não existia na Iorubalândia[2] antes do contato mantido com o Ocidente. "Não havia um tal grupo caracterizado por interesses partilhados, desejos ou posição social" (Oyěwùmí, 2021, p. 20).

É a lógica de conhecimento ocidental que faz parecer que "as categorias de gênero são universais e atemporais e estão presentes em todas as sociedades, em todos os tempos" (Oyěwùmí, 2021, p. 24). Além disso, a imposição de um conhecimento eurocentrado também faz que acreditemos que gênero é um princípio que organiza todas as sociedades e que há uma categoria de seres humanos subordinados tida como essencial e universal — a mulher — que "é pré-cultural, fixada no tempo histórico e no espaço cultural, em antítese a outra categoria fixada: 'homem'" (p. 25).

Esse discurso claramente cai por terra quando estudamos a história dos povos iorubás. Para eles, inexiste a separação das pessoas baseada no determinismo biológico, em que "os corpos físicos são sempre corpos sociais" (Oyěwùmí, 2021, p. 25). Essa hierarquia pautada na biologia, que continua mantendo sua credibilidade, atua no Ocidente privilegiando esse ponto de vista em detrimento de outros no que diz respeito a gênero, raça e classe.

Na contemporaneidade, esse sistema ainda funciona porque "quem está em posições de poder acha imperativo estabelecer sua biologia como superior, como uma maneira de afirmar seu privilégio e domínio sobre os 'Outros'" (Oyěwùmí, 2021, p. 40). Os diferentes, vistos como geneticamente inferiores, são colocados em posições sociais desfavorecidas. É por isso que somos definidas em virtude da nossa

2 Região cultural africana que compreende parte da Nigéria, de Togo e do Benim. [N. E.]

estrutura fisiológica, como se houvesse uma fórmula simples que diz: "A mulher? [...] É uma matriz, um ovário; é uma fêmea, e esta palavra basta para defini-la" (Beauvoir, 2009, p. 29).

Em cumplicidade com esse olhar pautado na biologia, o gênero aparece como "a elaboração do dimorfismo sexual percebido no corpo humano e projetado no domínio social" (Oyěwùmí, 2021, p. 62), que nos faz escravas de uma tendência dominante que torna até as análises feministas da situação da mulher focadas "exclusivamente no gênero, se abstendo de fornecer um alicerce para a edificação de uma teoria feminista" (hooks, 2019, p. 41) que vá além deste tópico, mistificando a realidade da mulher, insistindo em generificar como fator determinante.

Para Oyěwùmí (2021, p. 63),

> dada a inseparabilidade entre sexo e gênero no Ocidente, que resulta do uso da biologia como uma ideologia para mapear o mundo social, os termos "sexo" e "gênero" [...] são essencialmente sinônimos. Dito de outro modo: já que nas construções ocidentais os corpos físicos são sempre corpos sociais, não há realmente distinção entre sexo e gênero.

Essa "bio-lógica" garante que fêmeas e mulheres sejam conceitos automaticamente associados, unidos no sentido de perpetuar essa dinâmica social que nos desfavorece ao introjetar ideais relacionados aos papéis que devemos desempenhar culturalmente. Ao contrário das sociedades iorubás, cujas relações sociais derivam de fatos sociais e não da biologia, no Ocidente, corpo e gênero constituem fatores aprisionantes e preponderantes para o lugar que cada um de nós será levado a ocupar na sociedade. Quanto mais essa lógica pautada na biologia é adotada, "mais essa estrutura baseada no corpo é inscrita conceitualmente e na realidade social" (Oyěwùmí, 2021, p. 73), até porque ela contribui ativamente para manter as hierarquias sexuais que "estão a serviço de um projeto de dominação que só pode se sustentar por meio da divisão, constantemente renovada, daqueles a quem se procura governar"

(Federici, 2017, p. 18). Dominação essa que se baseia fortemente na construção de uma identidade social feminina que seja instrumento para consolidar o poder patriarcal e exploratório dessa identidade.

Por isso, de acordo com Federici (2017), só será possível reconstruir a história das mulheres ou um olhar sobre a nossa história de um ponto de vista feminino se redefinirmos as categorias históricas aceitas e conseguirmos visibilizar as estruturas ocultas de dominação e exploração. Contudo, como bem afirma Beauvoir (2009), a consciência que temos da nossa feminilidade advém da sociedade a que pertencemos — no caso do Ocidente, uma sociedade completamente pautada na generificação e na exclusão de corpos femininos dos espaços de poder.

Parecemos ter chegado a um beco sem saída, mas, no sentido de buscar uma resposta nova e que seja mais adequada aos desafios que percebemos até aqui, as comunidades iorubás se colocam como um exemplo possível de rompimento da lógica que generifica antes de tudo, pois não utilizavam a biologia para definir papéis sociais, incluir, excluir ou até mesmo influenciar formas de pensar identidades — até as noções ocidentais invadirem sua cultura.

Além disso, entendendo gênero como construção social, incluir visões alternativas do que significa ser homem, mulher ou nenhum amplia as respostas adequadas possíveis. A cultura iorubá mostra que é possível criar um cenário diferente, em que

> o corpo humano não precisa ser constituído como generificado ou ser percebido como evidência para a classificação social em todos os tempos. Na sociedade iorubá pré-colonial, o tipo de corpo não era a base da hierarquia social: machos e fêmeas não eram estratificados de acordo com a distinção anatômica. A ordem social exigia um tipo diferente de mapa, e não um mapa de gênero que supõe a biologia como a base para a classificação social. (Oyěwùmí, 2021, p. 26)

Portanto, o gênero não precisa ser algo preponderante na sociedade. Há novas possibilidade de pensar a forma de nos relacionar, que não sejam atravessadas por tantos estereótipos e conservas associadas ao papel de homem e ao papel de mulher. É possível (e preciso) refletir sobre como nos livrar dessa história enraizada em discursos filosóficos que culminaram nas distinções entre corpo, mente e alma, e "em ideias sobre determinismo biológico e ligações entre o corpo e o 'social'" (Oyěwùmí, 2021, p. 28), as quais já trouxeram tanto adoecimento, violência, cristalização.

E se a ideia de diluir o gênero parecer utópica ou inalcançável demais para quem só percebe o binarismo como possibilidade, no sentido de reconhecer uma sociedade em que identidades não sejam atreladas aos órgãos sexuais, deixo aqui outra possibilidade de resposta adequada, trazida por Wolf (1992). Diz o autor que, "se mulheres e homens em grandes contingentes passassem a ter ligações que fossem de igual para igual, não violentas e sexuais, que honrassem o princípio feminino nem mais nem menos do que o masculino, o resultado seria radical" (p. 188), teríamos a queda da civilização como a conhecemos.

A saída é pelo amor — não o romântico, explicado perfeitamente em outro capítulo deste livro. O amor livre de conservas, que torna as mulheres que se amam ameaçadoras e os homens verdadeiramente que amam as mulheres ainda mais, pois, para Wolf (1992), um "desvio em massa no sentido da ternura e do respeito mútuo" representaria uma grande transferência de lealdade, que transitaria do sistema patriarcal para as relações. E em cada relacionamento entre homens e mulheres, cis ou não, romântico ou não, "poderia surgir um compromisso duplo para transformar esta sociedade", liberando a todos do domínio masculino (Wolf, 1992, p. 188). O resultado seria a boa nova: as mulheres livres são mais alegres; os homens livres, também, porque podem ser espontâneos, criativos, genuínos, humanos.

Termino este capítulo com uma citação de Clarissa P. Estés (2007, p. 26):

> Há quem diga que bênçãos são apenas palavras. Mas, minha filha, tendo em vista sua esperança, sua capacidade para amar, seu anseio pela alma e pelo espírito, sua carga criativa, seu interesse e fascínio por viver a vida plenamente, essa bênção para você não é só "palavras". Digo-lhe que

esta bênção é profecia. Quando uma pessoa vive de verdade, todos os outros também vivem.

REFERÊNCIAS

BEAUVOIR, Simone de. *O segundo sexo.* Rio de Janeiro: Nova Fronteira, 2009.

ESTÉS, Clarissa Pinkola. *A ciranda das mulheres sábias — Ser jovem enquanto velha, velha enquanto jovem.* Rio de Janeiro: Rocco, 2007.

FEDERICI, Silvia. *Calibã e a bruxa — Mulheres, corpo e acumulação primitiva.* São Paulo: Elefante, 2017.

GROSFOGUEL, Ramón. "A estrutura do conhecimento nas universidades ocidentalizadas — Racismo/sexismo epistêmico e os quatro genocídios/epistemicídios do longo século XVI". *Revista Sociedade e Estado*, Brasília, v. 31, n. 1, jan.-abr. 2016. Disponível em: https://www.scielo.br/j/se/a/xpNFtGdzw4F3dpF6yZVVGgt/?format=pdf&lang=pt. Acesso em: 6 nov. 2023.

HOOKS, bell. *Teoria feminista.* São Paulo: Perspectiva, 2019.

KILOMBA, Grada. *Memórias da plantação — Episódios de racismo cotidiano.* Rio de Janeiro: Cobogó, 2019.

MENEGAZZO, Carlos María et al. *Dicionário de psicodrama e sociodrama.* São Paulo: Ágora, 1995.

MORENO, Jacob Levy. *Psicodrama.* São Paulo: Cultrix, 1975.

OYĚWÙMÍ, Oyèrónkẹ́. *A invenção das mulheres — Construindo um sentido africano para os discursos ocidentais de gênero.* Rio de Janeiro: Bazar do Tempo, 2021.

RIBEIRO, Djamila. *Lugar de fala.* São Paulo: Pólen, 2019.

SILVA, Joasey Pollyanna A. da; CARMO, Valter Moura do; RAMOS, Giovana Benedita J. Rossini. "As quatro ondas do feminismo — Lutas e conquistas". *Revista de Direitos Humanos em Perspectiva*, Florianópolis, v. 7, n. 1, p. 101-122, 2021. Disponível em: http://dx.doi.org/10.26668/IndexLawJournals/2526-0197/2021.v7i1.7948. Acesso em: 6 nov. 2023.

VIEIRA, Helena; JANONE, Lucca. "Brasil é 142º na lista internacional que aponta participação de mulheres na política". *CNN Plural*, 23 nov. 2021. Disponível em: https://www.cnnbrasil.com.br/politica/brasil-e-142-na-lista-internacional-que-aponta-participacao-de-mulheres-na-politica/. Acesso em: 6 nov. 2023.

WOLF, Naomi. *O mito da beleza — Como as imagens de beleza são usadas contra as mulheres.* Rio de Janeiro: Rocco, 1992.

6. Desconstruir o amor romântico — Por relações amorosas mais diversas e espontâneas

Juliana dos Santos Soares

Simples e suave coisa
Suave coisa nenhuma
Secos e Molhados, "Amor"

Falar sobre relacionamentos afetivo-sexuais, no contexto da psicologia e do psicodrama, me atravessa de diversas maneiras. Venho desenvolvendo trabalhos terapêuticos sobre esse tema, no contexto grupal, há cerca de 15 anos, motivada pelos sofrimentos que testemunho na clínica psicológica — onde recebo inúmeras queixas de desencontros amorosos e presencio a incessante busca das pessoas de serem felizes no amor. Além disso, me motiva a minha própria história, pessoal e familiar, de encontros e desencontros.

Nessa trajetória de atos sociodramáticos, fui percebendo, gradativamente, a necessidade de refletir de forma mais crítica sobre o amor e os relacionamentos amorosos, problematizando o ideal de amor romântico, tão vigente em nossa sociedade. Assim, a proposta deste capítulo é refletir sobre um ideal de amor conservado e pesquisar o papel da diversidade na construção de modelos amorosos mais condizentes com a realidade social contemporânea. Também analiso as contribuições que o psicodrama, com sua teoria da espontaneidade e seu método de ação, pode trazer para o tema.

O AMOR COMO O CONHECEMOS

Ainda vivemos, na segunda década do século 21, sob forte influência do ideal de amor romântico como modelo de relacionamento afetivo-sexual. Esse ideal é composto por um conjunto específico de ideias sobre o amor. Segundo Costa (1998, p. 73-74), imperativos que o compõem são:

> a) a idealização de um sentimento pessoal, apresentado como pleno, mágico, extático e superior em intensidade e gozo a qualquer outra experiência emocional do indivíduo; b) a desqualificação moral do exercício puramente físico da sexualidade; c) a exigência de uma sexualidade livre e, ao mesmo tempo, submissa ao amor. Só esta última condição a torna digna do amor sublime; d) o estabelecimento da sexualidade como pré-requisito da realização do amor sublime e a consequente "sexualização do universo"; e) a exigência de que o indivíduo entregue sua chance de felicidade ao acaso, já que a ele pertence o poder de revelar a pretensa imagem do ser amado que ele possui sem saber, e que corre o risco de jamais encontrar enquanto viver, pois pode sempre confundi-la com mais uma miragem.

Outra característica também atribuída pelo autor a esse ideal é a crença na universalidade e naturalidade do amor, como se ele existisse, dessa maneira, em todos os tempos e culturas. Além disso, o ideal de amor romântico preconiza a relação amorosa como prerrogativa indispensável para a felicidade e a excessiva idealização de uma "pessoa certa" para amar — a ideia de "alma gêmea". O modelo de casal é, via de regra, formado por um homem cisgênero e uma mulher cisgênero, que se complementam e se bastam, ou seja, trata-se de um modelo cis-heteronormativo[1] e monogâmico. A união vivida nesse ideal é eterna, vencendo o amor todas as adversidades.

Ao contrário da ideia de naturalidade e universalidade, Costa (1998) demonstra que o amor é uma construção sócio-histórica, tendo sido concebido e vivenciado de maneiras diferentes em diversas épocas e culturas. O ideal de amor romântico como o conhecemos se desenvolveu em um tempo e conjunto de circunstâncias específicos. Nascido na Europa, entre os séculos 17 e 19, é herdeiro do amor cortês, reinante na sociedade de corte do século 12, e da mística cristã. Deles, recebe o legado de desejos insatisfeitos e do culto ao sofrimento. Numa relação extremamente cis-heteronormativa, a mulher é adorada

[1] A cis-heteronormatividade coloca a heterossexualidade e a cisgeneridade (identificação do indivíduo como o gênero que lhe foi designado ao nascer) como norma, como se fossem a única forma natural e aceitável de existir.

e idealizada pelo homem-trovador, mas o relacionamento se restringe aos versos, não passando à prática concreta. Assim, esse ideal se constrói de maneira distante da realidade. Del Priore (2015) aponta que somente no século 20 se desenvolve a ideia de união por amor e do sexo integrado ao casamento como base da felicidade conjugal, algo fortemente valorizado em nossos dias. Zanello (2018, p. 70), comentando a autora, afirma que "o amor romântico, tal qual o conhecemos, é um fenômeno tardio, o qual se consolidou no fim da era moderna e ganhou força junto com o processo de industrialização e urbanização".

Del Priore (2015) faz um estudo da história do amor na sociedade brasileira, mostrando as transformações das práticas amorosas ao longo do tempo. Ao ser colonizado, o Brasil recebeu um modelo de relacionamento amoroso marcado ainda pelo conservadorismo — fruto do atraso de Portugal perante outros países europeus. A história do amor, de maneira geral e especificamente no Brasil, é construída com base em antinomias: entre o sexo e o casamento; entre o ideal, apreciado em verso e prosa, e o real, vivido na prática. Há uma grande e contínua valorização do matrimônio como contrato social que regulamenta a sexualidade dos indivíduos e a vida social e dos deveres matrimoniais, mas do Brasil Colônia até meados do século 20 o casamento é separado do afeto e do prazer sexual. Os afetos ligados à paixão e ao prazer só poderiam ser experimentados fora do casamento e, claro, apenas pelos homens enquadrados nesse modelo. É preciso falar também do apagamento da diversidade étnica, cultural e social nesse modelo de amor idealizado. Del Priore (2015) aponta para o fato de que nossas maneiras de viver e falar de amor, no Brasil, mostram-se profundamente impregnadas pela miscigenação das culturas branca, negra e indígena. Segundo ela, "a presença da escravidão e da mestiçagem trouxe muitos reflexos para as relações afetivas" (p. 181): tanto ressaltando ainda mais a desigualdade nos relacionamentos, como imprimindo a diversidade que enriquece as práticas amorosas brasileiras. A autora apresenta os casamentos e uniões dos povos escravizados como arranjos diversos daqueles pregados pelo ideal de amor, e como parte fundamental da nossa cultura amorosa.

No século 19, enquanto o matrimônio era tratado entre as elites brancas como um contrato social importante, menosprezando-se os aspectos afetivos e sexuais, entre os(as) pobres e negros(as) libertos(as) os casamentos eram mais motivados por carinho e amor. A autora ressalta ainda a importância da cultura negra na poesia romântica e nas canções de amor brasileiras. Essa riqueza, oriunda dos modelos relacionais próprios da cultura não branca, embora presente em nossas práticas amorosas, não se integra ao amor idealizado e socialmente valorizado.

A história do amor, na humanidade e especificamente no Brasil, é uma história de muita desigualdade entre gêneros, etnias e classes sociais. O ideal de amor romântico é cis-heteronormativo, branco e elitizado. Nos relacionamentos normatizados, há evidente submissão e repressão sexual das mulheres, e pessoas que vivem à margem da norma do casamento e da cis-heteronormatividade branca são desconsideradas, hostilizadas e marginalizadas. Ou seja, o amor, assim idealizado, nada tem de universal, na medida em que contempla apenas uma parcela pequena da sociedade, gerando inúmeros custos emocionais.

Segundo Lagarde (apud Zanello, 2018, p. 60), o fato de que "o amor é histórico significa que o amor tem tido conteúdos diferentes nas diferentes épocas históricas". Zanello (2018, p. 59) complementa: "Cabe apontar que o amor é específico para cada gênero, classe social, idade e povo". Surge assim a pergunta: por que nós, seres humanos, nas sociedades ocidentais da atualidade, continuamos idealizando o amor romântico, a despeito das mudanças ocorridas em nossa vida social? Refiro-me às mudanças relacionadas à pós-modernidade, caracterizada como um tempo em que estão fortemente presentes o individualismo, a cultura de consumo, a busca incessante de prazer, a evitação do sofrimento, o enaltecimento daquilo que é efêmero (Costa, 1998; Toledo, 2013). Refiro-me também às transformações, derivadas do movimento feminista, que confrontam o patriarcado e os papéis e relações entre os gêneros e que se ampliam para incluir diversidades de existência e de relações antes invisíveis. Todas essas mudanças não condizem com os valores e crenças propagados pelo ideal de amor romântico — a "pessoa certa", o "felizes para sempre", a ideia de que "o amor vence tudo".

Mais do que isso, o ideal de amor romântico, embora carregue consigo a promessa de uma felicidade certa e duradoura, tem o potencial intrínseco de provocar sofrimento. Nos consultórios de psicoterapia, é frequente recebermos demandas para tratamento de dores nas vivências amorosas. Muitas vezes, o maior motivo do sofrimento não é a dor do desencontro amoroso em si, mas a própria crença, característica desse ideal de amor, de que a felicidade conjugal é garantia e condição para a felicidade e realização plenas e, portanto, a negação do desencontro e das frustrações que o acompanham. Nas palavras de Costa (1998, p. 12), "realizar o amor sonhado tornou-se um desafio ou uma massacrante obsessão". Ou seja, muitas das dificuldades enfrentadas pelos sujeitos amorosos dizem respeito mais ao próprio modelo de amor idealizado do que às vivências amorosas. Nesse sentido, Costa (1998, p. 34-35) afirma:

> Quando não realizamos o ideal imaginário do amor, buscamos explicar a impossibilidade culpando a nós mesmos, aos outros ou ao mundo, mas nunca contestando as regras comportamentais, sentimentais ou cognitivas que interiorizamos quando aprendemos a amar. Da mesma forma que o sexo religioso ou médico-científico normatizou as experiências de prazer do sujeito, criando divisões entre o moral e o imoral, o normal e o anormal, o amor paixão romântico encampou a ideia de felicidade sentimental, criando os seus párias e cidadãos de primeira classe.

Zanello (2018) contribui com o debate trazendo conceitos importantes, como o de *scripts* — prescrições sociais do que é ser uma pessoa e de como estabelecer relações:

> [...] *scripts* se referem a unidades organizadas de conhecimento que codificam e propagam significados/sentidos e práticas. Eles servem como mecanismos que permitem uma recuperação automática rápida e o uso da informação adquirida a partir do mundo enquanto configuram o modo como a informação é percebida. Prescritos como comportamentos, *scripts* são observáveis aos outros e vêm a ser parte do contexto cultural,

> configurando suposições sobre o que os outros pensam, e expectativas sobre como eles se comportarão. (Ryder et al. apud Zanello, 2018, p. 30)

Zanello (2018, p. 31) trata, ainda, das prescrições a respeito não apenas do comportamento pessoal, mas também dos afetos e relações:

> Aqui é necessário pensar nos processos por meio dos quais a cultura participa e configura certos traços, performances e afetos, socialmente valorizados, inibindo outros que, quando expressos, causam conflitos sociais para o sujeito. Trata-se de uma pedagogia dos afetos ou colonização afetiva, pois os contextos culturais provêm também as pessoas com *scripts* sobre como devem sentir e expressar emoções. Apesar de sempre haver a agência e possibilidades de contestação dos valores dominantes, o preço a se pagar pode ser caro. A ideia chave é que toda experiência humana é culturalmente constituída.

Os *scripts* preconizam como devemos sentir, viver e nos relacionar, apontando para uma forte construção social dos sujeitos e de suas emoções. O aprendizado constante dessas formas "adequadas" de ser no mundo se dá por meio da pedagogia dos afetos ou colonização afetiva. Zanello (2018, p. 54) traz o papel determinante do que denomina tecnologias de gênero na instrumentalização desse treinamento social: "Elas interpelam *scripts* culturais (do tornar-se pessoa homem ou mulher, em nossa cultura[2]), performances de gênero, e ocorrem em múltiplas esferas, que vão desde as produções simbólicas midiáticas a regras dos comportamentos da vida cotidiana".

Cabe, aqui, um diálogo com o psicodrama, especialmente com os conceitos de conserva cultural e espontaneidade. Moreno (1975, p. 175) conceitua a conserva cultural como "a matriz, tecnológica ou não, em que uma ideia criadora é guardada para a sua preservação e repetição". É a resposta pronta, engessada, disponível para ser repetida quantas

2 Zanello considera que na nossa sociedade o fator gênero é estruturante e marcado pelo binarismo. Por isso, enfatiza a força dos *scripts* de tornar-se necessariamente homem ou mulher.

vezes forem necessárias, trazendo segurança a indivíduos e grupos: "A conserva cultural presta ao indivíduo um serviço semelhante ao que, como categoria histórica, presta à cultura em geral — continuidade e herança —, assegurando para ele a preservação e a continuidade do seu ego" (Moreno, 1975, p. 157).

A origem da conserva cultural é a espontaneidade. Moreno (1975, p. 36) a define como a capacidade de dar respostas, "com um certo grau de adequação, a uma nova situação ou, com uma certa medida de novidade, a uma antiga situação". A partir desse movimento em que a resposta adequada surge, ela passa a ser repetida em outros contextos mais ou menos semelhantes, tornando-se conserva cultural. Ou seja, para Moreno, espontaneidade e conserva cultural são mutuamente complementares, e o ideal é que as conservas sirvam de estímulo para novos movimentos espontâneos e criativos, não se tornando um produto pronto e acabado, que gera estagnação.

Os *scripts*, enquanto conjunto de normas comportamentais a ser seguidas, podem ser equiparados a conservas culturais. Eles se repetem sistematicamente, criando e reforçando padrões de comportamento com pouco espaço para atualizações, já que performances e afetos desvalorizados socialmente são inibidos.

Zanello (2018) chama de dispositivos[3] esse conjunto de elementos socioculturais que acarretam um processo de subjetivação, e aponta o dispositivo amoroso como o principal na vida das mulheres, acompanhado do dispositivo materno. Isso significa que as mulheres se subjetivam por meio do dispositivo amoroso, que está intimamente ligado ao ideal de amor romântico.

O dispositivo amoroso, assim como o ideal de amor romântico, tem a cis-heteronormatividade como guia e considera o objetivo de "conseguir um homem" central na vida de uma mulher, não cabendo a ela, mas ao homem, a autonomia da escolha. Compete à mulher a tarefa de fazer-se constantemente interessante e atraente para ser escolhida — a autora cunha o termo "prateleira do amor" como metáfora

[3] A autora parte das ideias de Michel Foucault a respeito dos dispositivos na obra *Microfísica do poder* (Rio de Janeiro: Graal, 1996).

para explicar esse funcionamento. O dispositivo amoroso ressalta e realimenta as desigualdades entre os papéis de gênero, mantendo as mulheres num lugar de opressão e dependência, e os homens num lugar de privilégio. Segundo a autora, "o amor, em nossa cultura, se apresenta como a maior forma (e a mais invisível) de apropriação e desempoderamento das mulheres" (Zanello, 2018, p. 82). Além de cis-heteronormativo e misógino, o ideal de amor romântico, refletido no dispositivo amoroso, reforça outras diferenças da nossa sociedade: as mulheres negras encontram-se em desvantagem nessa "corrida pelo amor", sendo preteridas nas escolhas feitas pelos homens para um relacionamento de compromisso. As mulheres mais velhas, as transgênero e as fora do padrão social de beleza também se encontram em desvantagem. Soma-se a isso o fato, já observado até aqui, de que o ideal de amor romântico não considera diversidades de orientação sexual, identidade de gênero e práticas amorosas não monogâmicas, excluindo de suas narrativas uma parte bastante significativa de nossa realidade social.

A partir daí, é imprescindível criarmos e fortalecermos, enquanto sociedade, outras premissas a respeito do amor afetivo-sexual. O amor é um fenômeno em constante construção, indo muito além do ideal já conhecido e consagrado, e assim pode ser reconstruído, substituindo um modelo amoroso caduco por outros, mais coerentes com o tempo em que vivemos. Recorrendo mais uma vez a Costa (1998, p. 205), "as regras do jogo amoroso devem ser reinventadas". Zanello (2018) também aponta para a necessidade de desconstruir o dispositivo amoroso, por meio de uma descolonização afetiva.

DIVERSIDADE E DESCOLONIZAÇÃO DE AFETOS

O principal ponto desse debate é a desnaturalização do amor romântico como a única forma satisfatória — ou a mais saudável, viável, natural e universal — de relacionamento afetivo-sexual. Segundo Costa (1998, p. 35), "aprendemos a crer que amar romanticamente é uma tarefa simples e ao alcance de qualquer pessoa razoavelmente adulta, madura, sem inibições afetivas ou impedimentos culturais", sendo necessário "desaprender" essas crenças, problematizando-as e questionando-as. É importante lembrar do potencial danoso do ideal de amor romântico, com seus *scripts* sobre o que é amar que excluem vivências divergentes. É fundamental considerar outras práticas amorosas — diversas desse ideal — válidas e dignas.

Além de validar vivências diversas, considero necessário dar atenção a outras narrativas, diferentes do entendimento tradicional, sobre o amor. Ler outros(as) autores(as), consultar outras fontes, ampliar o olhar e ter referências mais inclusivas sobre o tema. Essa ideia reverbera a proposta de Zanello (2018, p. 10), de uma "profunda faxina epistemológica nas teorias da clínica", que inclua gênero e raça nas perspectivas que norteiam os atendimentos dos profissionais de saúde mental, com foco especial nos valores e ideais de gênero desses(as) profissionais, já que, "em saúde mental, o diagnóstico do médico não é, jamais, um ato neutro e nem baseado em um processo de mensuração. É um ato de julgamento moral" (Zanello, 2018, p. 21).

Passo, agora, a apresentar resumidamente algumas referências sobre o tema dos relacionamentos amorosos, priorizando a diversidade de gênero, raça e orientação sexual. Vozes que falam de lugares marginalizados e invisibilizados na lógica do ideal do amor romântico, e que merecem e devem ser ouvidas pela potência das suas contribuições na construção epistemológica do amor.

Noguera (2020), filósofo e pesquisador negro, vem ao encontro da proposta de descolonizar o amor romântico. No livro *Por que amamos — O que os mitos e a filosofia têm a dizer sobre o amor*, o autor se aprofunda no tema partindo de teorias científicas, psicológicas e filosóficas de origens diversas, com destaque para autores(as) de origem africana. As narrativas amorosas que ilustram a obra incluem o clássico "O banquete", de Platão, e a história bíblica de Adão e Eva, passando por Shakespeare, com *Otelo* e *Romeu e Julieta*, e mitos de origens variadas: gregos, iorubás, tupis e asiáticos. Noguera integra, com muita coerência, essas visões múltiplas, demonstrando que inexiste uma forma única e mais correta de compreender a complexidade do sentimento e das vivências amorosas.

hooks (2020), intelectual negra, observa que a maior parte das obras tidas como referência sobre o amor — das acadêmicas à popular literatura de autoajuda — são escritas por homens, ainda que o dispositivo amoroso vigente em nossa sociedade considere o amor algo central na vida das mulheres. Devido aos processos de socialização e subjetivação, as mulheres — em toda a sua diversidade de raça, gênero, orientação sexual e territórios — vivenciam o amor e refletem sobre ele de maneira diferente dos homens. Por isso, as obras produzidas por elas, que nos apresentem essa diversidade, merecem destaque.

hooks também aborda as questões étnico-raciais na vivência amorosa, salientando a dificuldade de pessoas negras, especialmente as mulheres, de compreender e viver o amor, e considera que essas dificuldades se enraízam no contexto escravocrata da sociedade estadunidense (cultura em que a autora viveu e produziu, mas suas ideias podem ser aplicadas à nossa realidade), em que a luta pela sobrevivência foi priorizada diante de outras necessidades, como desenvolver relações de amor (hooks, 2010). Ela fala da importância de o afeto e o amor serem nutridos na vida das pessoas negras, e de mudanças na sociedade que permitam que essa população viva mais plenamente. Isso significa combater o racismo e todas as formas de dominação, de modo que vivamos relacionamentos verdadeiramente mais amorosos. Olhando o marcador social de raça por outra perspectiva, Zanello (2018), psicóloga e pesquisadora branca, apresenta uma grande potência para a mudança relacional e social a partir das mulheres negras, apontando para a capacidade de resiliência observada nos movimentos ativistas. Ela destaca o candomblé, contexto em que as mulheres comumente ocupam papéis de liderança: "Poderíamos pensar que certos grupos, por manterem tradições diferentes da lógica hegemônica patriarcal e branca aqui nomeada, tenham uma relação diferenciada com esses dispositivos (ou nem sejam marcados por eles)" (p. 107).

A respeito da cis-heteronormatividade, ainda tão reinante na nossa sociedade e muito presente no ideal de amor romântico, Noguera (2020, p. 120) assevera: "Com a revolução sexual e os movimentos LGBTQIA+ do século 20, isso veio se transformando. O ideário romântico passou a agregar também o afeto entre pessoas do mesmo sexo. Porém, manteve-se como uma relação baseada na monogamia, na qual um indivíduo se une com sua alma gêmea, que o completa".

Esse ponto é corroborado por Zanello (2018, p. 50):

> Precisamos sublinhar que a subversão do dispositivo da sexualidade (mediante práticas heterodestoantes) não necessariamente implica em uma subversão dos dispositivos de gênero. [...] Em nossas pesquisas com grupos que se autodenominam gays e lésbicas, por exemplo, encontramos, pelo contrário, uma potencialização dos dispositivos de gênero.

Isso significa que as pessoas LGBTQIA+ têm grande potencial para transformar as práticas amorosas, mas é necessário avançar ainda mais na descolonização afetiva, no sentido de promover e validar vivências amorosas mais livres do ideal de amor engessado e regido pelos dispositivos de gênero. Uma descolonização afetiva que transcenda performances, abrangendo sentimentos e emoções.

Preciado (2022), filósofo e homem transgênero, junta-se a esse debate, afirmando que as diferenças sexuais e as formas de amor heteroafetivas e homoafetivas, tais quais as conhecemos, são construtos sociais e históricos, e que essa epistemologia da diferença se encontra em crise desde meados do século 20. Em suas palavras, "os novos movimentos transfeministas, *queer* e antirracistas, mas também as novas práticas de filiação, de relações amorosas, de identificação de gênero, de desejo, de sexualidade, de nomeação são indícios dessa mutação e das experimentações na fabricação coletiva de uma outra epistemologia do corpo humano vivo" (p. 35).

Trata-se, para Preciado, de uma mudança profunda de paradigma, e o autor considera os movimentos ligados à diversidade protagonistas nessa transformação. As pessoas pertencentes a esses grupos subalternizados precisam ser ouvidas e vistas, em suas vivências pessoais e no conhecimento que produzem.

Sobre as questões etárias no dispositivo amoroso, Zanello (2018) salienta as desigualdades presentes na "prateleira do amor", afirmando que um dos componentes do ideal estético vigente é a juventude. "Há um aumento da intensidade e da magnitude do funcionamento do dispositivo amoroso, sobretudo nas mulheres que permanecem solteiras, com o decorrer da idade" (p. 92). Nossa sociedade conserva um lugar de muito preconceito e vergonha para as mulheres solteiras que já não são consideradas jovens, as assim chamadas "solteironas". Cunha (2014), psicodramatista branca, apresenta uma outra perspectiva a respeito das relações afetivo-sexuais iniciadas na maturidade (entre os 50 e 70 anos), sob o olhar da teoria psicodramática. Embora não investigue o fator gênero, ela mostra que, nessa fase da vida, a maioria das pessoas já não se encontra tão atrelada aos ideais românticos, por já ter resolvido algumas questões a esse respeito — mesmo quem não construiu um casamento, tende a não alimentar expectativas nesse sentido. Segundo a autora, esse fator tem o potencial de trazer mais liberdade para os relacionamentos e a chance de que se estabeleçam vínculos mais simétricos do que em fases anteriores da vida. Esse ponto de vista é compatível com o de Costa (1998, p. 205), quando, baseado em Solomon (1994), aborda a necessidade de reinventar as regras do jogo amoroso:

> Tudo pode ser questionado: relações estáveis, relações tumultuadas, monogamia, paternidade, maternidade e, sobretudo, os clichês sobre quem são os agentes mais capacitados a resolver os hábitos amorosos. Ao contrário do que se espera, Solomon crê que os indivíduos mais velhos são os mais aptos a provocar a revolução sentimental que propõe, pois as situações que enfrentam não estão padronizadas no código do romantismo.

Acredito, em concordância com o exposto até aqui, que a diversidade de vivências e narrativas a respeito do amor desempenha um papel fundamental na transformação do ideal de amor romântico em modelos mais saudáveis e espontâneos de relacionamento. Vejamos, a seguir, as contribuições que o psicodrama, com sua teoria da espontaneidade e sua metodologia de trabalho, pode trazer para o tema.

CONSERVA E ESPONTANEIDADE – CONTRIBUIÇÕES DO PSICODRAMA E POSSIBILIDADES DE AÇÃO

Já associei os *scripts*, enquanto prescrições de formas de estar no mundo, às conservas culturais. Acredito que o ideal de amor romântico em si também pode ser considerado uma conserva. Ele é um modelo que se repete com o passar de décadas e séculos, apesar de todas as mudanças sociais que temos vivenciado. Segundo Costa (1998, p. 19), esse ideal "respondeu a anseios de autonomia e felicidade pessoais inequivocamente criativos e enriquecedores" para a época em que floresceu, num mundo marcado por opressões de gênero, raça, classe social e territórios. Um mundo que vem, a duras penas, sofrendo transformações.

Merengué (2009) discute o conceito de conserva cultural contextualizando historicamente o momento em que Moreno o construiu, em contraste com o tempo da pós-modernidade. Um ponto levantado pelo autor pode nos ajudar a relacionar a conserva cultural e o ideal de amor romântico: "Para que o conceito seja mais preciso, o uso que se faz de uma conserva cultural deve ser francamente limitador: fica diminuído o perigo de abusos criativos e espontâneos nessa diminuta nesga" (p. 112). A abertura à criatividade e à espontaneidade é evitada, como se fosse uma ameaça à tradição.

Assim, podemos pensar que o ideal de amor romântico, e o dispositivo amoroso pelo qual ele se propaga, atuam na manutenção do patriarcado e da opressão e exclusão de categorias de pessoas — mulheres, pessoas não brancas, pobres e LGBTQIA+ — enquanto privilegiam um outro grupo — o dos homens cisgênero, heterossexuais, brancos e ricos. A renovação do olhar para os relacionamentos afetivo-sexuais não tem que ver somente com a escolha pessoal dos indivíduos que vivem essas relações, mas coloca em perigo uma ordem social muito bem construída e alimentada ao longo do tempo.

Sobre a espontaneidade, Naffah Neto (1997) revisita o conceito, contestando o ponto da adequação, importante na definição de Moreno (1975), e seguindo pelo caminho da reconquista, por meio da ação, de uma relação de compromisso entre sujeito e mundo. Em suas palavras:

> a espontaneidade jamais poderá ser concebida como uma relação de adequação [...]. Ante uma transformação abrupta, que cega ou imobiliza momentaneamente o sujeito, roubando-lhe o sentido da situação, a espontaneidade consiste sobretudo numa capacidade de se abrir perceptivamente, alargando seus horizontes espacial e temporalmente e reconquistando pela ação a continuidade de sentido do mundo que se transforma; é reconquistar-se como parte integrante e atuante da situação; é fazer-se uma presença. (p. 49)

Pensando nos relacionamentos amorosos, a espontaneidade pode se manifestar quando nós, sujeitos do amor, estivermos mais presentes em nossas relações, ficando abertas e abertos a tudo o que nos ocorre — o que vem de fora, das demandas relacionais e mudanças sociais, e de dentro, de nossas percepções e necessidades mais íntimas. É preciso que tomemos contato com tudo isso para que sustentemos nossas próprias tensões e inquietações e nos posicionemos de forma inteira, indo além de padrões, sejam os do ideal tradicional, sejam os de movimentos emergentes do mundo em constante transformação.

Considerando a revisão do conceito de espontaneidade feita por Naffah Neto (1997), Vieira (2017) propõe que um psicodrama menos voltado para a catarse e a emoção suscitadas nas dramatizações e mais orientado para a reflexão e a crítica social pode ser um dispositivo de resistência aos modos de subjetivação da pós-modernidade: "Através do psicodrama, podemos buscar novos valores, refletir sobre a existência, viver algo novo, testar novas formas de estar no mundo" (Vieira, 2017, p. 64). É o que penso a respeito das contribuições do psicodrama na abordagem dos sofrimentos relacionados ao amor. Se os sujeitos que recebemos cotidianamente na clínica com queixas dessa natureza buscam ajuda para *se adequar* ao ideal de amor, sem uma crítica mais ampla à natureza social do sofrimento que enfrentam, podemos auxiliá-los a se rever no contexto sociocultural e encontrar novas formas — menos sofridas ou adoecedoras — de estar nas relações.

Para tanto sugiro, primeiramente, que os(as) profissionais se dediquem à própria descolonização afetiva, por meio de autoconhecimento contínuo e de estudos sobre o tema do amor que permitam ampliar e diversificar seu olhar, no sentido de validar práticas amorosas diversas à norma idealizada do amor romântico. Trata-se de um trabalho formativo contínuo, que pode se dar por meio de leituras, mas também se enriquece por meio de trocas com colegas, em grupos de estudos ou de supervisão de casos. Todos os autores e autoras citados neste texto — e neste livro — constituem boas referências para estudos. Também é possível se valer de produções culturais diversas mais atualizadas sobre o tema, como filmes, séries, literatura e músicas que saiam do *script* original sobre o amor, abordando a diversidade nos relacionamentos.

Creio que, a partir de um empenho de profissionais *psi* no sentido de uma formação mais diversificada sobre o amor, podemos ter uma escuta mais inclusiva, deixando de sintomatizar ou invalidar narrativas de nossa clientela que digam respeito a práticas amorosas que fujam ao padrão, passando a problematizar e a intervir em questões que surgem nas práticas amorosas e merecem cuidado, como diversos tipos de abuso e dominação, além da manutenção de relacionamentos violentos e/ou disfuncionais.

Em segundo lugar, como psicodramatista, acredito na importância de oferecer, em grupos, intervenções socioterapêuticas que abordem o tema dos relacionamentos afetivo-sexuais e a desmistificação das crenças compartilhadas socialmente sobre nosso ideal de amor. hooks (2020) aponta para a falta de debates públicos sobre o amor na atualidade e reflete sobre como isso nos deixa à mercê das mensagens sobre o tema veiculadas pela mídia e pelas tecnologias. A autora salienta a importância de promovermos mais conversas sobre o amor, em que sejam abordadas nossas vivências reais, em contraposição a ideias fantasiosas das narrativas midiáticas. Intervenções socionômicas podem cumprir esse papel, com o benefício adicional de transcender a fala por meio da ação.

Em artigo recente (Soares, 2023), compartilhei a experiência de dirigir um sociopsicodrama online, abordando o tema dos relacionamentos amorosos. Nery (2012) trabalha com o sociodrama do "fórum da diversidade", em que aquece as pessoas participantes para um fórum a partir de personagens pertencentes a grupos subalternizados e, em seguida, desenvolve as dramatizações, aprofundando-se nos conflitos emergentes e buscando cenas reparatórias construídas com e pelo grupo. Esses trabalhos são exemplos da aplicação do sociodrama, ou sociopsicodrama, na abordagem dos temas do amor e da diversidade. De acordo com minha experiência, considero que o trabalho socionômico é um instrumento potente para fomentar reflexões críticas sobre as relações afetivo-sexuais na contemporaneidade, sobretudo porque ampliam o campo de intervenção — do plano íntimo e pessoal para o social.

Nessas páginas, não tive a pretensão de apresentar respostas definitivas para o tema do amor romântico. Ao contrário, intencionei lançar luz sobre o assunto, levantando mais questões e possibilidades. Desejo que a leitura inspire colegas a refletir sobre o assunto e a trabalhar com mais ações socioterapêuticas. Que possamos, por meio de nosso fazer com o psicodrama, abrir caminhos de transformação, contribuindo para que nossa sociedade viva o amor de maneira mais satisfatória, espontânea e feliz.

REFERÊNCIAS

COSTA, Jurandir Freire. *Sem fraude nem favor — Estudos sobre o amor romântico*. Rio de Janeiro: Rocco, 1998.

CUNHA, Adelsa. "O amor não tem idade". In: CUNHA, Adelsa; SILVEIRA, Carlos Roberto (orgs.). *Por todas as formas de amor — O psicodramatista diante das relações amorosas*. São Paulo: Ágora, 2014. p. 137-151.

DEL PRIORE, Mary. *História do amor no Brasil*. 3. ed. São Paulo: Contexto, 2015.

HOOKS, bell. "Vivendo de amor". Tradução: Maísa Mendonça. *Geledés*, 9 mar. 2010. Disponível em: https://www.geledes.org.br/vivendo-de-amor/. Acesso em: 10 nov. 2023.

______. *Tudo sobre o amor — Novas perspectivas*. São Paulo: Elefante, 2020.

MERENGUÉ, Devanir. "Corpos tatuados, relações voláteis — Sentidos contemporâneos para o conceito de conserva cultural". *Revista Brasileira de Psicodrama*, São Paulo, v. 17, n. 1, p. 105-114, 2009. Disponível em: https://revbraspsicodrama.org.br/rbp/article/view/86/82. Acesso em: 10 nov. 2023.

MORENO, Jacob Levy. *Psicodrama*. São Paulo: Cultrix, 1975.

NAFFAH NETO, Alfredo. *Psicodrama — Descolonizando o imaginário*. São Paulo: Plexus, 1997.

NERY, Maria da Penha. "Sociodrama". In: NERY, Maria da Penha; CONCEIÇÃO, Maria Inês Gandolfo (orgs.). *Intervenções grupais — O psicodrama e seus métodos*. São Paulo: Ágora, 2012. p. 95-123.

Noguera, Renato. *Por que amamos — O que os mitos e a filosofia têm a dizer sobre o amor*. Rio de Janeiro: HarperCollins, 2020.

Preciado, Paul B. *Eu sou o monstro que vos fala — Relatório para uma academia de psicanalistas*. Rio de Janeiro: Zahar, 2022.

Soares, Juliana dos Santos "O sociopsicodrama online como instrumento de reflexão sobre relacionamentos amorosos contemporâneos". *Revista Brasileira de Psicodrama*, São Paulo, v. 31, e1123, p. 1-13, 2023. Disponível em: https://www.revbraspsicodrama.org.br/rbp/article/view/612/539. Acesso em: 10 nov. 2023.

Toledo, Maria Thereza. "Uma discussão sobre o ideal de amor romântico na contemporaneidade — Do Romantismo aos padrões da cultura de massa". *Revista Mídia e cotidiano*, Niterói, v. 2, n. 2, p. 201-218, 2013. Disponível em: https://periodicos.uff.br/midiaecotidiano/article/view/9687/6812. Acesso em: 10 nov. 2023.

Vieira, Érico Douglas. "O psicodrama e a pós-modernidade — Espontaneidade como via de resistência aos poderes vigentes". *Revista Brasileira de Psicodrama*, São Paulo, v. 25, n. 1, p. 59-67, 2017. Disponível em: http://pepsic.bvsalud.org/pdf/psicodrama/v25n1/v25n1a07.pdf. Acesso em: 10 nov. 2023.

Zanello, Valeska. *Saúde mental, gênero e dispositivos — Cultura e processos de subjetivação*. Curitiba: Appris, 2018.

7. Monogamia, poliamor e conservas culturais — O poder dos afetos

Maria da Penha Nery

Neste ensaio, realizamos uma análise sociocrítica do sistema monogâmico, de suas conservas culturais e das tentativas de superá-las por meio das relações não monogâmicas e da diversidade sexual. Ao estudar casos clínicos e sociodramas, inferimos que as novas configurações amorosas, como o poliamor e o relacionamento aberto, submersas na cultura monogâmica, tendem a reproduzi-la. Apresentamos alguns estudos *queer* que tentam descolonizar as formas de amar em nossa sociedade patriarcal. E concluímos com a necessidade de uma política dos afetos que reveja o sistema monogâmico e a maneira como desenvolvemos os vínculos amorosos e afetivos.

DOS SOFRIMENTOS DO SISTEMA MONOGÂMICO

Viver é experimentar uma tensão contínua na matriz de identidade. Nessa matriz, a todo momento, complementamos os papéis sociais, reproduzindo a cultura e nossa história de vida (Moreno, 1984). Também Butler (2017), em seus estudos, conclui que vivemos assujeitamentos ou o domínio do coletivo/cultural sobre nós.

As relações afetivas, em particular as amorosas, se compõem dos conflitos relacionados ao sistema monogâmico, patriarcal e capitalista. No papel de amantes, vivemos as conservas culturais e coloniais desses sistemas. Segundo Moreno (1984), geramos as conservas culturais quando mantemos respostas que um dia foram criativas. E, para Vomero (2022), também atualizamos as conservas coloniais, que são os domínios da colonização em nossa subjetividade. No vínculo amoroso, existem conservas culturais — que perderam sua funcionalidade — e conservas coloniais, que causam adoecimento. Há um exercício abusivo e violento de poder que coloniza os afetos, bloqueando a espontaneidade-criatividade. O resgate de nossa espontaneidade-criatividade, ao reatualizar a capacidade de inovarmos e de nos reinventarmos, nos liberta do que nos causa profundos sofrimentos no campo afetivo/sexual.

Ao analisar o modelo monogâmico de se relacionar amorosa e sexualmente, observamos conservas culturais e coloniais como a do amor romântico e idealizado, que nos faz escolher uma pessoa devido ao forte sentimento de atração e ao desejo sexual. Assim, dizemos: "Encontrei alguém que é minha cara-metade ou terá de sê-lo"; "Sou um só com meu amor".

Carvalho (2006) aborda o amor romântico, divulgado e reiterado desde a nossa infância — por exemplo, em filmes, telenovelas e contos de fadas. Segundo o autor, a exclusividade afetiva e sexual no vínculo amoroso e a instituição dele derivada (o matrimônio) reforçam o ideal de forma de amar. Os amantes buscam ser eternos e se completar totalmente em seus papéis sociais, mesmo que os sentimentos mudem. O autor afirma que em Nietzsche esse ideal vem da dicotomia entre o bem e o mal, de um amálgama "espiritual" e moral em que é preciso ser altruísta, se anular e ser parasita do outro, fazendo altas demandas dele. O amor natural, em seu tom trágico de decepções e frustrações cotidianas, é negado nessa moral aprisionante. Carvalho observa que, na contemporaneidade, também o corpo e a performance sexual foram integrados à idealização romântica.

Segundo Vasallo (2022), a monogamia está imersa no amor romântico, na tentativa de suprir a falta e a incompletude existencial. A autora conclui que a monogamia é um sistema colonial e hierárquico, em que aprendemos, mantemos e geramos crenças e promessas que nos impõem formas de agir, de amar, de nos relacionar e de ter afetos. O sistema monogâmico dá origem ao casal/à família (nas diversas orientações sexuais) e ao casamento. As religiões e o direito concretizam a ideologia do sistema e suavizam as demandas capitalistas relacionadas ao patrimônio, à herança e aos costumes. Os demais relacionamentos familiares, de coleguismo e de amizade tornam-se secundários, pouco valorizados, ou são abandonados.

Na vida amorosa, as pessoas seguem as regras cis-heteronormativas de exclusividade, fidelidade, reprodução e temporalidade (a relação tem de durar). Essas regras transmitem ao casal a ideia de segurança, e busca-se a "posse" e o domínio sobre o outro, sobre seu corpo e seu desejo, sobretudo o sexual. Socialmente, esse "aprisionamento" tem como recompensa uma superioridade hierárquica, ou seja, têm mais poder e privilégios os parceiros cisgêneros (ou cis, que se identificam com o gênero que lhes foi designado social e culturalmente conforme o binarismo do sexo biológico) e a família de brancos e heterossexuais.

O casal heterossexual sem filhos sofre preconceito; o casal homossexual (mesmo com filhos) é discriminado e muitas vezes excluído socialmente. Porém, em alguns contextos, pode até ser tolerado, porque se estabelece no sistema monogâmico. Já a pessoa que está sem um relacionamento amoroso fica com a autoestima abalada, sentindo-se estranha, preterida, incompleta. Muitas se questionam: "Por que não encontro alguém?"

Uma aluna compartilha: "Por minha escolha, não me casei nem tive filhos. Encontro pessoas que acham isso um absurdo ou um problema muito sério. Sinto um forte preconceito. É feio estar só. Que terrível!"

Nossa vida é dinâmica, contraditória e complexa, mas muito do sofrimento se deve à ideologia imposta de que só se é feliz quando se tem alguém (mesmo que se viva uma relação desumanizada). Essa dor se ameniza quando descobrimos que existem dezenas de formas de constituir família: há outros afetos, outras possibilidades de criar o universo afetivo e amoroso, de gerar, produzir e se reproduzir.

Para exemplificar o funcionamento da cultura monogâmica, apresentaremos a síntese de um sociodrama online, inspirado no Teatro do Oprimido, dirigido por Vasallo (2022). Solicitei que os alunos do curso "Psicoterapia de Casal", promovido por mim e por Nilton Nascimento, desenvolvessem a seguinte trama: Tiago[1] e Maria são casados. Maria se apaixona por Paulo. O entorno deles, representado por duas amigas

1 Todos os nomes de personagens, pessoas ou pacientes em exemplos de práticas clínicas e socioeducacionais deste capítulo são fictícios.

de Maria e sua mãe, sabe o que ocorre. O grupo sugeriu *scripts* para os personagens e iniciou a cena. Em síntese:

Mãe — Maria, Tiago é bom marido e defeito todo mundo tem, filha! Não troque o certo pelo duvidoso. Vocês se conhecem desde a adolescência! E os filhos? Você pecará!

Amiga 1 — Vai lá, Maria! O Paulo está olhando para você. Ele é bonito. Olha, o Tiago só te trata de forma bruta e Paulo é todo carinhoso!

Amiga 2 — Chega de olhar apenas a aparência, Maria! Reza que passa. Eu acho que o Paulo é paquerador, pegador. Pensa no que você já tem, na sua segurança.

Maria (solilóquio para a plateia) — Meu Deus, o que faço com isso? Minha vida está virando do avesso. E agora? Me sinto culpada. Preciso ir à igreja me confessar!

(Em seguida, Tiago demanda tarefas a Maria e a trata mal. A plateia se manifesta com um duplo, ou seja, alguém se imagina no lugar da Maria e fala por ela) — Socorro! Não consigo nem respirar, meu Deus! Tenho que ficar bonita para esse homem, mas quero ir embora!)

Maria complementa — Que peso! O que faço? Alguém pode me ajudar? Estou sofrendo, atormentada e com medo.

Após essa vivência, compartilhamos e fizemos o seguinte processamento teórico: o grupo criou o casal Tiago e Maria segundo as conservas culturais e coloniais da monogamia. O sistema monogâmico aponta como vivência única e verdadeira a de que o casal precisa manter a exclusividade sexual e ter filhos, ou seja, saciar a necessidade de se perpetuar e perpetuar a espécie.

As contradições emocionais de Maria abalam essas regras e ela entra em sofrimento. O entorno e a religião a confundem, tentam manter o *statu quo* e a desamparam.

Essas conservas culturais e coloniais chegam aos consultórios e nos machucam: o que a Maria vive nós vivemos, Joana vive, Antônia vive, Alessandra vive... É mais comum do que pensamos. E, se fosse o Tiago que tivesse encontrado alguém, Antônio vive, Manoel vive, José vive.

A fidelidade sexual é uma tentativa de garantir que a atração, o desejo e o ato sexual ocorram apenas no relacionamento conjugal. É uma busca de controle ou de aprisionamento do corpo e do desejo de um e de outro. Ela está presente no contrato formal (casamento, união estável ou convivência amorosa) e informal (acordos claros ou implícitos no relacionamento). Na experiência clínica, observamos que a fidelidade sexual é rara, mas também ocorrem outros tipos de infidelidade: Maria, por exemplo, começa dolorosamente a perceber, em seu conflito pessoal/social, que é tempo de ser fiel a si mesma, de ser leal a seu desejo. Em consequência, sente-se pressionada pela conserva cultural e por novas respostas que precisam emergir. A força criativa está na lealdade a si e ao outro, ou seja, em entrar em contato com sua verdade, expressá-la e vivê-la.

Os sentimentos de culpa e de medo de Maria se conjugam com o controle social e o reforçam. As pautas mandatórias monogâmicas vigoram muito mais para as mulheres. Na sociedade patriarcal, o homem geralmente é autorizado a ser infiel. Alguns alunos compartilharam que os pais ou os avôs tinham relações extraconjugais e os amigos se orgulhavam deles; as mães e as avós sofriam. E disseram: "Viviam, assim, em uma falsa monogamia, e de um só lado".

Para o homem ainda existe a questão da honra. Caso um homem toque outra mulher e a esposa saiba disso, a desonra é impensável; mas se outro homem tocar a esposa, trata-se de erro fatal. São caminhos que incentivam inseguranças, tais como: "O outro deve ser mais interessante"; "O pau dele deve ser muito maior que o meu"; "Enlouquecerei se perder o que tenho!"

O conceito de honra foi desenvolvido social e juridicamente para justificar atos injustificáveis. Apenas em 2021 o Código Penal brasileiro eliminou a atenuante de assassinato de esposas "em nome da honra"; o divórcio só foi permitido a partir de 1977 (Fragoso, 2022). "Legalmente", o país consolidava (e consolida) a cultura patriarcal, machista e judaico-cristã, tornando a instituição do matrimônio inabalável.

Se a mulher diz ao marido: "Se você tem outras relações, também terei!", a estrutura monogâmica se abala; ela corre o risco de perder o casamento, a família, a vida. Essas dinâmicas fazem parte do terrorismo patriarcal que, com suas conservas coloniais, promove um poder abusivo do homem cisgênero em relação à mulher e às pessoas LGBTQIA+. A violência ocorre "seja por não quererem manter o relacionamento, porque 'suspeitam' de traição; seja por ciúmes, honra; seja pelo desprezo e ódio ao feminino, entre outras complexas 'causas'" (Bandeira e Magalhães, 2019, p. 49).

Porém, a estrutura monogâmica se mantém — apesar de estar repleta de dores, traições e violência doméstica — porque os parceiros se apegam, por exemplo, à conquista da lógica afetiva de conduta de ser admirados, vistos, escolhidos para determinadas atividades, de pertencer a um grupo privilegiado socialmente. A lógica afetiva de conduta é composta por crenças associadas às condutas que aprendemos para conseguirmos afetos — entre eles, o de sermos aceitos, amados e incluídos nos grupos (Nery, 2014).

Outro ganho é que, quando temos alguém, estamos acompanhados, ainda que nos sintamos solitários. A solidão é um dos grandes temores do ser humano e melindra a autoestima. Porém, nas dinâmicas relacionais, as experiências de estar a sós, de usufruir de nossa companhia e de ser livres ajudam nosso desenvolvimento sociopsíquico. Mas tais vivências são desvalorizadas pelo sistema monogâmico, pois enfraquecem a sua potência.

Na hierarquia monogâmica, cria-se o "nós e o eles". Trata-se da lógica neoliberal de manter a identidade e o sobrenome de família a qualquer custo para ter poder. Quando digo "a minha família", "sou da família tal", quem é consanguíneo, ascendente ou descendente obtém os benefícios da hierarquia social. Todavia quantos sofrem por causa dessa identidade radical! Atendi pacientes que diziam com medo "escolhi outra família", pois eram passíveis de punição e de perda de poder; se mostrassem que haviam fugido à regra familiar, seriam discriminados e excluídos.

DESENVOLVIMENTO SOCIOPSÍQUICO E SISTEMA MONOGÂMICO

Na monogamia, a relação consigo mesmo ou consigo mesma também corre o risco de ficar deslocada. Tudo tem de ser feito junto, com as mesmas formas de ver e de entender a vida. O processo simbiótico, indiferenciado, mina o "eu", e o "nós" domina o relacionamento.

Uma pergunta que faço para conhecer um casal, nas primeiras sessões de terapia, é: "Como é a individualidade de cada um e como é o 'nós' no relacionamento? Que espaço ocupam no dia a dia?" Depois, proponho um exercício: peço que cada um faça um desenho contendo um círculo que simboliza o "eu", outro círculo que simboliza a/o parceira/o e a interconexão de ambos, simbolizando o "nós". Quando comparamos os desenhos, o "nós" pode dominar a relação ou ser mínimo. Trata-se de um modo de usar a técnica do espelho (demonstrar como o paciente age em uma cena dramatizada ou verbalizada, para que ele se perceba).

A relação amorosa (em qualquer uma de suas formas) além de atualizar conservas culturais e coloniais, também reflete nossos aprendizados emocionais e relacionais. Moreno (1984) e Fonseca (1980) afirmam que, em nossa matriz de identidade, passamos por diversas experiências sociométricas: vivemos as relações de corredor (indiferenciadas), a triangulação (diferenciação eu/outro) e a circularização (relacionamento nos grupos). A sociometria estuda como estamos posicionados afetivamente nos grupos, por meio dos critérios de escolha para tarefas ou atividades (Moreno, 1992). Compreendo que essas dinâmicas relacionais da matriz de identidade encontram-se presentes no aqui-agora, em nossos papéis sócio-históricos e culturais, atualizando o passado e criando o futuro.

Em síntese, na relação de corredor ou indiferenciada, relacionamo-nos apenas com o outro, como se fôssemos um; o outro sacia (ou deve saciar) nossas necessidades e é responsável por nossas frustrações. Essa dinâmica reproduz, em alguma medida, nossos primeiros vínculos. Ela traz a angústia das escolhas sociométricas restritas, ou seja, busca-se ser aceito por um outro, escolhê-lo para vários critérios de ação e ser por ele ser escolhido, porém temos os limites. Há a codependência angustiante. Busca-se a segurança e o amparo: "O outro é só meu". Ou surge o desânimo ou o desespero para conquistá-los.

A dinâmica da triangulação, em resumo, ocorre quando um terceiro surge na relação de corredor, abalando o processo especular/dual.

O terceiro promove o reconhecimento do eu e do outro, diferenciando--os. Ele traz a angústia do autoconhecimento, da independência e da liberdade, bem como o temor das perdas e a insegurança. Surge um processo sociométrico libertador da opressão da exclusividade a dois, mas que contém novas angústias e dores, com o medo de ser rejeitado, preterido, excluído.

Na circularização, participamos de grupos, de equipes e de comunidades e enfrentamos os sofrimentos e as alegrias das experiências sociométricas — por exemplo, de viver os conflitos intergrupais com as experiências de sermos aceitos, competir, cooperar, receber e colocar limites. Praticamos os exercícios de poder e sofremos rejeições. As experiências grupais podem contribuir para a capacidade de inverter papéis, pois ampliam as trocas interpessoais, os processos perceptivos e intuitivos.

As dinâmicas relacionais de corredor, triangulação e circularização são vividas de maneiras distintas e repercutem no desenvolvimento relacional e emocional de cada um. Em um encontro, raramente os indivíduos compartilham o mesmo nível de desenvolvimento sociopsíquico. E, nesse descompasso, surgem os conteúdos coconscientes e coinconscientes: há um entrecruzamento de nossas cenas e personagens (presentes, passados e futuros) com a reexperiência e o reaprendizado de lógicas afetivas de conduta. Essas trocas, de um lado, favorecem a cocriação e, de outro, contribuem para o sofrimento psíquico e relacional.

Uma supervisionanda diz: "Minha paciente Léa, de 27 anos, e seu namorado decidiram ter um relacionamento não monogâmico. Ela quer viver a proposta, mas teme deixar de ser a nora favorita. E também se pergunta: 'Qual será meu lugar na relação amorosa?'"

Embora esteja se preparando para a experiência da não monogamia, Léa tem medos de perder o *status* sociométrico no vínculo com o namorado, com a sogra e com os outros que vierem a estar com eles. Há perdas que se associam ao seu nível de desenvolvimento emocional e angústias relativas à tomada de um novo papel no campo amoroso.

No sociodrama antes mencionado, o personagem Paulo tensiona o sistema monogâmico. Ele nos alerta: "O mundo vai além de uma relação de codependência ou de espelho, na qual o eu se reflete no outro, ou vive um 'nós' ilusoriamente completo. Existe sempre um terceiro que vai aparecer". Esse "terceiro" abrange se relacionar amorosa, afetiva ou sexualmente com outra pessoa, e também inclui outras possibilidades de vínculos — com o trabalho, os amigos, a família de origem.

Na vivência monogâmica, aprendemos a privilegiar e reativar a relação de corredor. E talvez a monogamia seja fortalecida também por não termos superado adequadamente esse processo dual/especular em nosso desenvolvimento sociopsíquico. A paixão (em geral presente no início do relacionamento) e a exclusividade reanimam a experiência mais primária de codependência (bebê/cuidador): "Eu e o outro somos um". Nesse momento, o campo imaginário do eu/outro idealizado e o desejo de completude se atualizam. Assim, facilmente nos subjugamos à cultura do ideal romântico, e o terceiro que surge em um relacionamento a dois tende a se tornar ameaçador.

Em geral, nos vínculos amorosos, se um dos pares manifesta interesse por alguém, o parceiro fica com ciúme. Ciúme, inveja, culpa, medo e insegurança são sentimentos humanos como outros quaisquer e, por isso, precisam ser expressos e receber continência. Ciúme é o medo ou temor de perder o lugar onde meu coração repousa. Inveja é o desejo de estar onde o coração do outro está, ou de ter o que ele tem. A pessoa também gostaria de estar paquerando ou de ser cortejada. É muito raro ela entrar em contato com esse sentimento e expressar: "Eu invejo você".

O drama se torna insuportável quando desenvolvemos o ciúme patológico, devido ao histórico de como aprendemos a nos relacionar e ao incentivo cultural à possessividade e aos privilégios masculinos no sistema monogâmico.

Quando começa a sentir que está se apaixonando, meu paciente Roberto, homem branco e cisgênero, sofre de ciúme patológico só de pensar que a namorada teve outro parceiro. Constantemente ele diz: "Queria viver relacionamentos não monogâmicos, mas me parece impossível!" O paciente tem relações extraconjugais e sente intensa culpa, que o impele a se transformar no "melhor namorado". Ele reconhece um autoboicote: sua dificuldade de ser espontâneo-criativo nos vínculos amorosos, de ser leal a seus desejos e de ficar bem ao aceitar os limites da monogamia.

A paciente Léa busca mudanças no modo de se relacionar amorosamente, mas tem a dor psicossocial da vivência insuficiente da diferenciação, da independência e da liberdade em suas dinâmicas relacionais.

Portanto, a relação triangular é inevitável, como é inevitável pertencermos a grupos e sairmos da relação de corredor. Somos, dolorosa e prazerosamente, seres livres, independentes, que têm corpos, desejos e existências diferenciados. Assim surge a inevitabilidade das infidelidades, ou das saídas para os respiros do eu no meio de tantos nós (e nós) da sociedade monogâmica, capitalista e patriarcal. Saídas que nos causam angústias e alegrias, pois viveremos os conflitos, o novo e as expansões vitais e afetivas.

Mas engolimos as ideologias monogâmicas sem nos questionar, ao contrário da personagem Maria, que pergunta à plateia: "Será que quero isso mesmo? Tiago será amoroso comigo se eu for diferente? Ou se eu me separar dele? E como ele ficará?" E até imagina: "Ah! como seria bom viver com os dois..."

Alertamos: generalizar é problemático. Há casais que conseguem viver bem a monogamia. Apenas apresentamos o sistema monogâmico em suas tramas culturais e em seu potencial para adoecer, sobretudo por impor uma configuração amorosa única na sociedade. Existem pessoas, nesse processo relacional, que estão contentes, seguras, vivendo a circularização e procurando superar sistemas patriarcais.

Observamos nas práticas clínica e socioeducacional que os vínculos amorosos (monogâmicos ou não) reproduzem o que aprendemos na vida. Exatamente por nosso desenvolvimento relacional/emocional ser deficitário, muitas experiências sociométricas angustiantes ficam registradas na mente e no corpo. Esse registro promove um encontro de histórias que reforçam modos afetivos, conservas culturais e coloniais.

Nesse sentido, verificamos ser importante para a nossa sociedade, entre tantas tarefas: o autoconhecimento; entrar em contato com os desejos, os sentimentos, suas histórias e o que causam; desenvolver o (re)conhecimento do eu e do(s) outro(s); cuidar de si e do outro; dialogar; questionar as imposições de conservas culturais e coloniais; cultivar a espontaneidade-criatividade. E nos assegurarmos de que as relações amorosas também constituem um campo micropolítico para nos transformarmos e mudarmos a sociedade. Os afetos podem e devem emancipar os parceiros e todos em seu entorno.

NÃO MONOGAMIA E O PODER DOS AFETOS

O sistema monogâmico começa a se perder justamente no campo dos afetos e do desejo. O afeto simplesmente flui. O desejo promove a atração e acontece. É impossível controlá-los ou reprimi-los por completo. Daí a infinidade de atos de infidelidade.

Mas, para sobreviver, o sistema monogâmico aumenta a dor da traição, faz ameaças, pune, acata a hipocrisia, a censura — e rotula o traidor de "feio", "anormal" e "pecador". No sociodrama da personagem Maria, representantes do entorno reforçaram esses sofrimentos. Mas no evento surgiram muitas perguntas: como seria uma "outra cena" construída por nós, em que os personagens aceitassem novas relações na conjugalidade? O que aconteceria se a verdade viesse à tona? Conseguiriam se sentir seguros com o que estava ocorrendo? E se o temor da perda não levasse ao desespero ou ao ciúme violento? Qual seria a cena desejada, com diferentes moldes de relacionamentos amorosos e afetivos? Sairia das conservas culturais?

Avançando para a prática clínica: é possível que um casal aprenda a se rever nas conservas monogâmicas? E nós, psicoterapeutas criados nesse sistema, como cuidamos desses pacientes? Como compreendemos (ou vivemos) a não monogamia? No consultório, conhecemos os múltiplos sofrimentos das relações monogâmicas, e agora chegam as dores dos trisais, das pessoas com experiências de poliamor, dos que vivem a anarquia relacional, dos que se relacionam com várias pessoas. Estamos prontos para isso?

Para Vasallo (2022), a infidelidade é suportada na estrutura do casal, mas a quebra da regra da exclusividade abala o sistema monogâmico e seus exercícios de poder coloniais. Carvalho (2006) aponta que Nietzsche, em sua crítica sociocultural, introduz uma exceção à regra da exclusividade quando afirma que um bom matrimônio tolera que diversas características possam e devam ser buscadas em outros parceiros ou parceiras. Quando é impossível concretizar o amor romântico e idealizado e a completude e a intimidade plenas são frustradas, o afeto da amizade é o que mantém a instituição do casamento. Carvalho conclui que a durabilidade do vínculo amoroso depende da capacidade dos parceiros de ter conversas agradáveis.

A não exclusividade origina diversas configurações nas formas de amar — que, neste capítulo, retratamos como não monogamia. Oliveira (2023) afirma que, em nossa cultura, a vivência não monogâmica traz grande ansiedade, pois demanda tempo para ser aprendida e assimilada. Os parceiros atravessam as etapas da aprendizagem do papel social, iniciando com a tomada de papel (primeiras experiências da não monogamia, autoconhecimento) e o treino (busca de (re)aprendizagens com o novo papel), até alcançarem a espontaneidade-criatividade nas formas de amar contemporâneas.

Nesse processo, o foco é a qualidade afetiva, sendo a quantidade de pessoas de somenos importância. Na verdade, estamos pouco preparados para viver as relações em geral com qualidade afetiva, principalmente as amorosas, densas na troca de conteúdos coinconscientes.

Qualidade afetiva se refere a *como* os vínculos acontecem. Trata-se de, na experiência cotidiana, buscar a desconstrução da lógica do amor romântico e totalizante. Outra base é desenvolver a espontaneidade-criatividade, em que a liberdade do meu ser se une com a liberdade do outro e atingimos a cocriação (Perazzo, 1994).

Porém a liberdade gera angústia, inseguranças e responsabilidades. Assim, aprendemos o caminho ilusório de segurança de tornar o outro um objeto que egoisticamente nos saciará e será descartado. A objetificação do outro se coaduna com o neoliberalismo, em que vivemos o individualismo, o consumo do objeto e o seu fácil descarte (Han, 2020). Desse modo, fugimos das crises relacionais ou facilmente odiamos o outro quando ele nos frustra.

Em uma supervisão, uma aluna, que tem um grupo terapêutico de pessoas não monogâmicas, contou que um paciente se queixa de que o grupo ignora o seu luto: uma de suas companheiras se afastou do relacionamento poliamoroso. Ele diz que o grupo fica impaciente para ouvi-lo e se sente cobrado para ser uma pessoa "resolvida". O grupo responde que ele está com muito "mimimi" e que logo encontrará outra pessoa.

Nas relações não monogâmicas, existe o risco da obrigatoriedade de estar bem (sem ciúmes, tristezas, medos e perdas). Trata-se de uma racionalidade imposta que pode contribuir para objetificar a si e ao outro. Essa positividade tóxica e violenta machuca os envolvidos num relacionamento.

Diz um aluno: "Quanta dor tem de passar pelo coração até chegarmos à compersão!" (felicidade pelo fato de o/a companheiro/a se realizar sexualmente com outra pessoa). Isso se conseguirmos evoluir! Mas a traição, sexual e de outros tipos, pode nos ajudar a revisar o vínculo, a questionar a forma de nos relacionarmos e a crescer. A insegurança precisa ser conhecida e respeitada. E a liberdade é uma conquista paulatina: amar é sermos livres e nos cuidarmos; é deixarmos o outro livre e cuidarmos dele. É escolhermos nos cuidar no relacionamento, e nele estar sem nos sobrecarregarmos. Daí a importância de descentralizar os vínculos presentes nos diversos arranjos contemporâneos.

Vasallo (2022) conclui que a não monogamia é uma política dos afetos, que contém uma revolução relacional/emocional: trilhar a busca do autoconhecimento e do desenvolvimento de nossa autoestima; cultivar a qualidade afetiva, com o respeito ao outro e o autorrespeito; criar uma "comunidade afetiva", em que se estimulam as redes de apoio. Nessas redes, é imprescindível promover a ética do cuidado e o diálogo nos relacionamentos.

Nesse contexto, Núñez, Oliveira e Lago (2021) exploram a cosmogonia indígena e destacam a necessidade de descolonizar nossos afetos, uma vez que estamos imersos em uma realidade dominada pelo eurocentrismo, resultado da violência colonial. Eles enfatizam que a monogamia deve ser reconhecida como uma monocultura do afeto, que nos priva de toda a diversidade e multiplicidade que as experiências afetivas podem nos proporcionar.

Nessa esteira, destacamos a relevância do poder dos afetos para o desenvolvimento de nossas relações.

AFETIVIDADE E SEXUALIDADES

No mundo contemporâneo, além de contestar a monogamia, também estamos em processo de desconstrução ideológica, social e cultural nos campos das sexualidades e do gênero. Os estudos culturais e de gênero (e *queer*) de filósofos como Paul B. Preciado e Judith Butler preconizam, sobretudo, que é preciso conhecer e refazer as dinâmicas de poder que envolvem o que é gênero e sexualidade. São estudos e lutas que se conjugam com o desenvolvimento da espontaneidade-criatividade de todos os seres humanos.

Butler (2018) afirma que gênero é uma construção social, é performativo, ou seja, nós o fazemos, nós o praticamos. O gênero não é essência nem nos é dado, é aprendido na vida social, cultural e histórica. Segundo a autora, vivemos práticas de poder em que impera a cis-heteronormatividade, privilegiando a pessoa cis e heterossexual. Trata-se da força do discurso e das instituições que pautam condutas, sedimentando as conservas culturais e coloniais. Nesse exercício de poder, determinadas vidas não são inteligíveis e por isso se tornam invisíveis e correm risco de morte, como é o caso dos LGBTQIA+.

Portanto, a regra cis-hétero prevalece na matriz de identidade, impondo um jeito único e "normal" de viver, de ser e de estar nos campos sexual, amoroso, do casamento e da família. Nessa regra, o nosso desejo tem o dever de seguir a orientação heterossexual, pois à mulher e ao homem cabe se atrair/apaixonar/casar/ter relação/ter filhos com o sexo oposto. A imposição do binarismo de gênero e sexual — homem/mulher e hétero/homossexual — indica que devemos nos designar e nos identificar dessa forma para sermos reconhecidos pelo outro. Esse modelo precisa ser reproduzido desde o nascimento até o fim da vida para que sejamos considerados "saudáveis" e "normais".

Os homens e as mulheres cis e heterossexuais são poderosos. E se considerarmos as minorias políticas, como as raciais e as de classe,

Em certo momento, Ana diz, com raiva: "Que droga! Sabe qual é o problema de vocês duas? Vocês ficam ouvindo essa galera que não entende nosso relacionamento. A gente se dá muito bem e tem tudo pra dar certo!" A mãe de Aline responde: "Você bagunça a relação entre a Aline e a Gláucia. Vá embora!"

Na cena desse sociodrama, o casal homoafetivo tenta sair do conservadorismo do modelo monogâmico, em que se vive apenas um tipo de família, de casamento e de desejo. E novamente os outros tentam definir o que devem fazer da vida, do corpo e do desejo. As pessoas do entorno se incomodam com tantas diferenças e se alienam ao tentar manter, com seus sentimentos e atitudes, a cultura heteronormativa.

Aqui, surge o descompasso entre a consciência de que se pode viver outras formas de amar e a dúvida: é de fato possível lidar com os sentimentos resultantes? Há acordos, que podem ser revistos. E a crise do casal pode se ampliar quando um propõe um relacionamento não monogâmico e o outro fica inseguro ou o rejeita.

Um supervisionando nos fala de um paciente em sofrimento profundo porque, em sua relação de trisal, um companheiro se relacionou sexualmente com o outro sem a sua presença. Ao descobrir, sentiu ciúmes intensos, que o atormentaram. Outro supervisionando menciona uma paciente que vivia um vínculo aberto com o namorado, mas apenas para o prazer sexual. Chegou ao consultório em desespero porque se encantara por alguém e temia que o namoro terminasse.

Assim, identificamos, na prática clínica e socioeducacional, dinâmicas monogâmicas dentro da não monogâmica, reproduzindo conservas culturais e imprimindo dores.

A maioria das feridas numa tentativa de experiência não monogâmica decorre, entre vários fatores: da busca de "salvar o casamento"; do poder, exercido sobretudo por homens, ao se darem permissões e imporem proibições às companheiras; do fato de pessoas se relacionarem sem se conhecerem e sem conhecer a subjetividade alheia, que se compõe de ideologias que acirram sentimentos e condutas; do desconhecimento da filosofia não monogâmica.

Nos vínculos amorosos (segundo os mais diversos modelos), as pessoas vivem intensamente as intersecções de suas histórias de vida e de suas experiências enquanto minorias sociais e sexuais. No coinconsciente, trafegam traumas, desejos e necessidades históricas reproduzidas nos relacionamentos. Esse entrecruzamento de cenas pode prejudicar os vínculos amorosos ou contribuir para a ética do cuidado, para a responsabilidade afetiva e para o compromisso com lealdade.

O (re)construir constante do campo sócio-histórico e emocional, das relações amorosas e dos desejos compõe a política dos afetos.

O subgrupo 2 apresenta a trama do personagem Mário, casado com Liz, que paquera uma mulher transsexual. Em síntese, duas vizinhas acham um absurdo Mário conversar com Beth por horas na rua e eventualmente ir à casa dela. Falam em pecado, sentem pena da esposa, fazem fofoca.

Liz (em cena paralela, faz um solilóquio para a plateia) — Tem muita gente falando de mim. Beth tem alguma coisa com o Mário. Estou insegura.

Liz — Mário, me conta o que está acontecendo? Sinto que você tem alguma coisa pra me dizer.

Mário — Eu? Não tenho nada pra te falar. A vizinha disse alguma coisa? Fazem intrigas… Você conhece o pessoal do lado? Tem uma mulher, acho que é trans. Meio estranha. Só falo bom-dia e converso um pouco com ela. Mas só isso. Acho que precisamos mudar daqui.

Liz — Mudar? Estou confusa! Você está me escondendo alguma coisa!

Na próxima cena, Mário encontra Beth — Beth, não vai dar. Gosto da minha esposa… Minha cabeça está confusa com quem você é. Me desculpa. Acabou.

Em nosso processamento teórico, observamos que algumas variáveis possivelmente ajudaram os subgrupos a colocar os personagens em tramas que foram além da monogamia e da cis-heteronormatividade:

o tema do curso — sexualidades —, a idade dos participantes (em torno de 30 anos) e as consignas mais abertas.

Surgiram questões relativas à transfobia que superaram as da traição; por exemplo, Mário fica em dúvida sobre se Beth era homem ou mulher. O personagem nega a identidade de Beth e a cena deixa uma brecha para a interpretação de que, se houver infidelidade, que seja com uma mulher cis. Nos comentários, a pessoa que fez a personagem Beth diz que ela gostaria de ter dito ao final da cena: "Me sinto excluída, exausta, enjoada com tamanha discriminação".

Novamente o entorno (as vizinhas) representa instituições, surge sufocante, reproduzindo as conservas capitalistas e patriarcais. Estas, sobretudo as religiosas, resistem a compreender e aceitar as diversidades sexuais, de gênero e a construção do vínculo amoroso em moldes diferentes dos vigentes. É notória a necessidade de que a espiritualidade (dimensão mais ampla que a religião) também possa contribuir para ampliar e descolonizar as formas de amor, de amar e ser amado.

DOS DESAFIOS CONTEMPORÂNEOS NO CAMPO DOS AFETOS

Os arranjos amorosos não monogâmicos, dentre eles o poliamor e as relações abertas, buscam mais reconhecimento social, na tentativa de superar a dominância do sistema monogâmico. A não monogamia é um processo coletivo voltado para a qualidade do relacionamento amoroso-afetivo-sexual. Torna-se, segundo Vasallo (2022), uma política de afeto: forma-se uma comunidade afetiva em que cotidianamente se investe no autoconhecimento, no diálogo, e se reveem os acordos pela ética do cuidado. Trata-se de um desafio, pois é uma tentativa de que o poder dos afetos nos faça respirar em relação ao sufoco das lógicas capitalista, judaico-cristã, colonial e monogâmica, embora nela estejamos mergulhados.

Todavia, também observamos que compreender o sistema monogâmico e desconstruir suas conservas culturais e coloniais contribui para um reaprendizado geral das relações humanas. A revisão da monogamia nos dá a oportunidade de melhorarmos nosso desenvolvimento sociopsíquico. E, assim, as diversas experiências sociométricas no campo amoroso e afetivo podem contribuir para o avanço dos e nos relacionamentos, desenvolvendo-lhes a espontaneidade-criatividade.

Paralelamente ao desafio da não monogamia e da revisão do sistema monogâmico, necessitamos também que as minorias políticas se tornem cada vez mais visíveis e com vidas vivíveis. Nesse sentido, para a comunidade LGBTQIA+, nomear novas possibilidades de ser e estar no mundo (num processo de identidade flexível), aceitar-se e posicionar-se são maneiras de lutar pelo fim das opressões da elite do atraso.

Os métodos de ação e a psicoterapia são ferramentas terapêuticas presentes na matriz de identidade dinâmica. Os sociopsicodramas trazem a oportunidade de nos questionarmos, de desobedecermos às normas socioculturais adoecedoras e violentas, de crescermos com as dinâmicas relacionais, de revermos os exercícios de poder e as competições sociométricas. E, quando a troca coinconsciente no vínculo terapêutico caminha para o resgate da espontaneidade-criatividade, contribuímos para a saúde mental e coletiva.

REFERÊNCIAS

Bandeira, Lourdes Maria; Magalhães, Maria José. "A transversalidade dos crimes de femicídio/feminicídio no Brasil e em Portugal". *Revista da Defensoria Pública do Distrito Federal*, Brasília, v. 1, n. 1, p. 29-56, 2019.

Butler, Judith. *A vida psíquica do poder — Teorias da sujeição*. São Paulo: Autêntica, 2017.

______. *Problemas de gênero — Feminismo e subversão da identidade*. Rio de Janeiro: Civilização Brasileira, 2018.

Carvalho, Paulo Roberto. "Nietzsche e os modos de amar na contemporaneidade". In: Naffah Neto, Alfredo (org.). *Falando de amor — Uma escuta musical dos vínculos afetivos*. São Paulo: Ágora, 2006. p. 131-149.

Fonseca, José. *Psicodrama da loucura*. São Paulo: Ágora, 1980. [Ed. rev.: 2008.]

Fragoso, Roberto. "Defesa da honra não poderá ser usada como argumento em crimes contra a mulher". *Rádio Senado*, 6 jul. 2022. Disponível em: https://www12.senado.leg.br/radio/1/noticia/2022/07/06/defesa-da-honra-nao-podera-ser-usada-como-argumento-em-crimes-contra-a-mulher. Acesso em: 13 nov. 2023.

Han, Byung-Chul. *Psicopolítica — O neoliberalismo e as novas técnicas de poder*. Belo Horizonte: Ayné, 2020.

Moreno, Jacob Levy. *Psicodrama*. 3. ed. Tradução: Álvaro Cabral. São Paulo: Cultrix, 1984.

______. *Quem sobreviverá? — Fundamentos da sociometria, psicoterapia de grupo e sociodrama*. Goiânia: Dimensão, 1992.

NERY, Maria da Penha. *Vínculo e afetividade*. São Paulo: Ágora, 2014.

NÚÑEZ, Geni Daniela; OLIVEIRA, João Manuel; LAGO, Mara Coelho de Souza. "Monogamia e (anti)colonialidades — Uma artesania narrativa indígena". *Teoria e Cultura*, Juiz de Fora, v. 16, n. 3, p. 67-88, 2021.

OLIVEIRA, Amanda L. D. Canuri. *A não monogamia e o psicodrama — Relato de uma experiência*. Monografia (formação em Psicodrama) — Associação Brasiliense de Psicodrama, Brasília, 2023.

PERAZZO, Sergio. *Ainda e sempre psicodrama*. São Paulo: Ágora, 1994. [Ed. rev.: 2019.]

PRECIADO, Paul B. *Manifesto contrassexual — Práticas subversivas de identidade sexual*. São Paulo: N-1, 2015.

______. *Um apartamento em Urano — Crônica de uma travessia*. São Paulo: Zahar, 2020.

SOUZA, Jessé. *A elite do atraso — Da escravidão a Bolsonaro*. São Caetano do Sul: Estação Brasil, 2019.

VASALLO, Brigitte. *O desafio poliamoroso — Por uma nova política dos afetos*. São Paulo: Elefante, 2022.

VOMERO, Laura de Souza Zingra. "Decolonizando o conceito de reconhecimento (eu-tu)". *Revista Brasileira de Psicodrama*, São Paulo, v. 30, e1422, p. 1-10, 2022. Disponível em: https://revbraspsicodrama.org.br/rbp/article/view/576/520. Acesso em: 13 nov. 2023.

8. Casamento a dois? Conservas culturais patriarcais nos relacionamentos amorosos LGBTQIA+

Paulo César Alves de Siqueira

A ideia do título é, de fato, causar estranhamento e curiosidade no leitor e na leitora. Não pretendo aqui descrever a experiência não monogâmica dos relacionamentos, mas refletir sobre uma vivência sociodramática realizada em meio ao isolamento social ocorrido em 2020. Minha proposta, na época, era inicialmente oferecer um espaço de cuidado e escuta em um período em que os espaços públicos de sociabilidade LGBTQIA+ estavam inacessíveis. Como homem gay que sou, sei — perante minha vivência e também pelos dados da pesquisa realizada em meu trabalho de conclusão do curso de Psicologia — que os espaços de sociabilidade, bem como os encontros e os vínculos com outras pessoas de orientação sexual e de gênero não normativa, favorecem e consolidam nossos processos identitários, além de fornecer apoio e acolhimento emocional (Silva, 2007).

Naquele momento, eu estava sentindo falta de socializar nesses espaços que foram tão fundamentais para a expressão de minha identidade sexual. Mas também fui motivado pela escuta de meus pacientes, que, em meio à pandemia, vivenciavam períodos de angústia, incerteza e carência. Carência: palavra provocadora de questionamentos e estigmas sociais, mas que nesse contexto representa nossos desejos afetivos mais profundos e às vezes não aceitos — e, por isso, não expressos, se levarmos em conta as exigências neoliberais para que sejamos cada vez mais autossuficientes.

Até aqui, você já sabe que sou homem gay, cisgênero e psicólogo, que atuo com psicoterapia no contexto clínico e que trabalho com pacientes LGBTQIA+. Além disso, sou psicodramatista, e o psicodrama é a teoria que me permite compreender os processos identitários e atua como ferramenta de intervenção nos contextos grupais e individuais. Partindo do psicodrama, as intervenções visam diminuir os impactos psicológicos decorrentes da cristalização dos papéis repetidos durante a vida, da baixa espontaneidade e das marcas das relações decorrentes de nossa matriz de identidade, que nos perseguem (de forma transferencial) durante a vida.

O psicodrama é uma perspectiva teórico-metodológica fundada por Jacob Levy Moreno. O trabalho inicial de Moreno com grupos subalternizados e de menor representatividade política já demonstrou o potencial da abordagem como ferramenta eficaz para o trabalho com grupos, especialmente os marcados pela vivência da exclusão e do estigma social (Zakabi, 2014). Ao escolher esses grupos como ponto de partida para sua construção teórica, Moreno parte do pressuposto de que há uma desigualdade coletiva e sociométrica que colabora com o sofrimento social e a exclusão.

Nossa identidade é composta por papéis que desempenhamos durante a vida e que decorrem de processos relacionais ocorridos em nossa matriz de identidade. A matriz de identidade é a placenta social onde a criança interage com seus primeiros vínculos afetivos e é influenciada constantemente por ela, colaborando para a formação de um padrão relacional que define a forma como nos relacionamos. Além disso, esse padrão também influencia nossos desejos e expectativas relacionais, afetivos e amorosos (Gonçalves, Wolff e Almeida, 1988; Nery, 2014).

Na proposta de Moreno, levamos para o palco nossos conflitos mais íntimos, que se manifestam nas interações sociais. Ao dramatizar tais conflitos, sofremos mobilizações emocionais que despertam nossa espontaneidade para dar uma resposta nova às situações antigas e, consequentemente, desenvolver uma nova forma de enfrentar aquela situação (Moreno, 1993). A expressão emocional provocada por esse processo gera uma nova forma de percepção da realidade e de si próprio. Ao atuar para modificar esses padrões relacionais, modificamos estruturas sociais mais rígidas e mais amplas. O sociodrama é a metodologia de grupo proposta por Moreno que melhor atende aos objetivos do trabalho que busco relatar neste texto.

Valorizando o próprio grupo como sujeito do sociodrama, Moreno focava a cultura como rede relacional a ser trabalhada, e não o indivíduo privado. Ele propôs um método de ação profunda, analisando e provocando a catarse coletiva de problemas sociais e permitindo uma análise ciosa das origens profundas dos conflitos intergrupais (Drummond e Souza, 2008).

O sociodrama idealizado por Moreno passou por atualizações ao longo do tempo. O isolamento social, medida preventiva ao coronavírus, fez que a metodologia moreniana sofresse adaptações no ambiente online. O sociodrama online descrito no estudo de Vidal et al. (2020) demonstrou a eficácia do método na ressignificação dos papéis vivenciados pelos seus participantes, que deram uma resposta inovadora e saudável diante daquele contexto. Ao facilitar a interação entre as pessoas por meio da conexão virtual, a internet fornece o cenário para que a intervenção psicodramática aconteça.

VOLTANDO AO FOCO...

Com o desejo de intervenção e o aporte teórico em mãos, caminhemos para a proposta. Convidei cinco pacientes e dois amigos pertencentes à comunidade LGBTQIA+. Além disso, quis montar uma unidade funcional o mais próxima possível da realidade do grupo. Convidei um ego auxiliar também da comunidade para me ajudar durante o processo, já que eu atuaria como diretor. A unidade funcional é a equipe que dirige o processo de intervenção. O diretor é o terapeuta principal, que atua como produtor e analista social ao propor e conduzir as cenas. O ego auxiliar é o agente terapêutico que auxilia o protagonista ou o grupo na expressão emocional, atuando como ator nas cenas propostas (Moraes Neto, 1999).

Foram nove participantes, contando o diretor e o ego auxiliar. A faixa etária do grupo variou entre 25 e 48 anos. Segundo o processo de identificação sexual, racial e de gênero, havia três homens brancos homossexuais cisgêneros, um homem negro bissexual cisgênero, um homem branco bissexual cisgênero, uma mulher branca bissexual cisgênero, uma mulher branca lésbica cisgênero, uma pessoa branca bissexual não binária e um homem negro pansexual transgênero. Nessa classificação, incluo o diretor e o ego auxiliar, uma vez que ambos se identificam com o grupo pesquisado e que, na perspectiva moreniana, diretor e ego também fazem parte do grupo no qual se realiza a intervenção psicodramática. Desses participantes, quatro estavam em um relacionamento amoroso. Todos responderam (em questionário enviado previamente) que o isolamento social mobilizara suas necessidades afetivas de se relacionar.

Trata-se de uma pesquisa qualitativa e psicodramática, em que o estudo de caso descrito foi realizado por meio da aplicação do sociodrama. A metodologia sociodramática contou com o uso de técnicas (duplo-espelho, inversão e desempenho de papéis, interpolação de resistência), adaptadas ao ambiente virtual, e seguiu as fases de aquecimento (específico e inespecífico), dramatização e compartilhar (Malaquias, 2012).

O APLICATIVO TINDER E A INFLUÊNCIA DOS MODELOS CIS-HETEROPATRIARCAIS

Como recurso para o processo de aquecimento específico, utilizamos como referência o Tinder, aplicativo de relacionamento virtual mais conhecido e utilizado atualmente pelo público, independentemente de gênero ou orientação sexual. O aplicativo permite a seleção de pessoas com base em fotos, informações descritas em um perfil criado pelo usuário e serviço de geolocalização, que facilita a possibilidade do encontro real (Beleli, 2015).

Durante a pandemia de covid-19, o número médio de mensagens enviadas por dia pelo Tinder aumentou 19% em comparação com o período pré-pandêmico, e as conversas se tornaram 32% mais longas, o que indica uma maior abertura para conhecer pessoas e manter relacionamentos virtualmente (Shearing, 2021). *Match* é o termo utilizado para indicar uma possível combinação, ou seja, que você foi selecionado pela pessoa que você também selecionou, emergindo a possibilidade de contato. O aplicativo também evita a rejeição, pois o contato só é permitido se o interesse for recíproco (Beleli, 2015).

Para enriquecer o aquecimento, utilizamos um plano de fundo virtual, pelo recurso de compartilhar tela do aplicativo Zoom, que representasse o layout do Tinder. Pediu-se que cada participante imaginasse que estava utilizando o aplicativo. Cada um descreveria, de forma criativa, um perfil que estivesse visualizando no "como se" e que de certa forma despertaria seu interesse. A consigna dada foi a seguinte: "Vocês deverão imaginar, neste momento, que estão visualizando um perfil no Tinder que os atraia de alguma forma. Peço que descrevam as fotos do perfil, as características físicas que os atraem e o que nesse perfil que combina com vocês. Utilizem a imaginação". Nesse momento, os participantes não desempenham papéis, apenas visualizam papéis imaginários criado por eles próprios.

Os papéis imaginários acessam o campo do imaginário, no qual estariam presentes os desejos e sentimentos que em alguns contextos são reprimidos, não realizados e impedidos de ser expressos (Nery, 2014).

Vale ressaltar que, ao utilizar o Tinder como forma de aquecimento do grupo, diretor e ego auxiliar buscavam construir uma espécie de jogo dramático para trabalhar expectativa vincular e apresentação, levando em conta que o grupo se encontrava na primeira fase da matriz e acreditava-se que o jogo, ao utilizar uma instrumentalização lúdica, favoreceu a criação de identificações e o desenvolvimento da matriz de identidade grupal.

Ao acessar o lúdico e a fantasia por meio do jogo dramático, procura-se desentorpecer o grupo das determinações da conserva cultural, estimulando a espontaneidade e a criatividade. Ao mesmo tempo, o processo permite um contato consigo mesmo, com seus desejos e expectativas relacionais (Yozo, 1996).

Após a apresentação individual de cada perfil, perguntávamos se mais alguém daria *match* com o perfil descrito pelo colega. O objetivo era pesquisar a sociometria do grupo. Esse manejo favoreceu o caminhar do grupo para a segunda fase da matriz de identidade: as identificações entre os participantes favoreceram o reconhecimento do outro a partir de si mesmo (Yozo, 1996).

Inicialmente, a sugestão do uso da plataforma Tinder provocou reações negativas nos participantes, suscitando sentimentos de frustração, incompatibilidade e rejeição. Associados a essas experiências, os marcadores cis-heteronormativos — como o casamento, o ideal romântico e a família monogâmica com filhos — foram símbolos descritos pelos participantes como principais produtores de sentimentos de inferioridade devido à identificação sexual ou de gênero. O estigma sofrido pela vivência homossexual se originou da não reprodução dos valores dominantes, construídos histórica e culturalmente, no que se refere ao controle da sexualidade, associada diretamente à reprodução e à manutenção do ideal de família patriarcal (Miskolci, 2014).

Os modelos cis-heteronormativos descrevem o formato de relacionamento que se deve ter, ao mesmo tempo que reforçam nos participantes o sentimento de inferioridade e frustração por não conseguir cumpri-los. Rejeitar tais modelos por meio de perfis que ressaltam esses marcadores parece ser uma estratégia para evitar a frustração. O casamento, por exemplo, foi relatado pela maioria do grupo como um desejo antigo produtor de sofrimento que, hoje, não era mais visto como possibilidade.

O vínculo nos alimenta emocionalmente a partir das expectativas que criamos em relação a ele. Tais expectativas baseiam-se em nossas necessidades afetivas, que são resultado dos vínculos residuais que estabelecemos anteriormente, sobretudo em nosso átomo social. A essas expectativas dá-se o nome de projeto dramático, que direcionará nossas ações em um contexto relacional (Nery, 2014).

Além disso, a preocupação em ser aceito mediante o perfil construído pelo usuário é um fator relevante e comum na fala dos participantes. Relata-se a necessidade de construir um perfil que seja atrativo para diminuir a frustração e o medo da rejeição, o que ao mesmo tempo ressalta o desejo de ser aceito.

Nery (2010) fala sobre projeto dramático manifesto e projeto dramático latente. O primeiro é a expectativa vincular manifesta no exercício do papel social expresso e surge no momento em que o participante descreve o que espera do seu perfil virtual. Já no segundo, há elementos que estão em estado coinconsciente e representam expectativas e outros conteúdos não totalmente expostos no papel social, mas presentes na intersubjetividade das pessoas envolvidas no vínculo. Tais conteúdos surgirão no momento da dramatização.

Parte dos participantes, apesar de ter receio da rejeição, relata que prefere construir perfis mais realistas e que demonstrem com clareza o que se espera do parceiro/parceira/parceire na combinação virtual. Pode-se imaginar, nesse momento, uma possível atualização dos papéis imaginários e latentes dos participantes para uma possibilidade social mais realista, a fim de realizarem o projeto dramático.

Procura-se construir vínculos mais espontâneos e realistas, com menos influência da cultura cis-heteronormativa. Afinal, esta pode ser considerada uma conserva cultural que impede o desenvolvimento da espontaneidade de novos papéis e, consequentemente, de novos vínculos. "Os papéis imaginários, além de serem o mote do palco psicodramático, também podem sair do seu reduto da fantasia e da imaginação e ser atuados, em diversos graus de consciência, num vínculo social, por intermédio dos papéis latentes" (Nery, 2014, p. 21).

DEU *MATCH*, E AGORA? AS EXPECTATIVAS VINCULARES FORA DO PLANO DA IDEALIZAÇÃO

A dramatização aconteceu quando a seguinte consigna foi dada aos participantes: "Deu *match*, e agora?" Em seguida, sugeriu-se que a compatibilidade com o papel imaginário do parceiro/parceira/parceire descrito tenha sido recíproca. As pessoas foram então convidadas a se imaginar numa passagem de tempo em que o papo tivesse fluído e o vínculo com a outra pessoa houvesse sido estabelecido. Agora, estavam em uma fase em que compartilhariam com o grupo o *status* atual do relacionamento. O cenário sugerido para a cena foi uma mesa de bar, em que todos os participantes estariam conversando. A mesa de bar representa os espaços de sociabilidade LGBTQIA+ interrompidos durante a pandemia.

Vale ressaltar que uma das grandes frustrações dos participantes ao utilizar a plataforma Tinder é a dificuldade de iniciar e manter o papo com o *match* até que o encontro se torne real. Alguns participantes preferem não tomar a iniciativa a fim de evitar a frustração ou a rejeição. Na realidade suplementar sugerida pelo diretor, trabalhou-se a realização das expectativas latentes, muitas vezes reprimidas ou não manifestas. Como durante a pandemia os aplicativos de paquera foram uma das únicas possibilidades de as pessoas lidarem com suas necessidades afetivas em busca do vínculo, o receio da frustração parecia ser ainda maior.

Na dramatização, foram apresentadas três histórias com diferentes padrões de relacionamento e expectativas vinculares. As histórias foram construídas a partir do perfil idealizado com que cada participante gostaria de dar *match*. A cena envolveu todo o grupo. Os protagonistas que sugiram espontaneamente narraram suas histórias para o grupo. As intervenções realizadas pelo diretor e pelo ego auxiliar foram direcionadas a partir da reação do grupo às histórias contadas.

LUÍSA E ESTER

A história de Luísa e Ester descreve duas mulheres lésbicas cisgêneras que estabeleceram e mantiveram um vínculo afetivo virtual por um ano sem se encontrar pessoalmente. Essa história mobilizou no grupo os seguintes questionamentos:

Ego auxiliar 1 (plateia) — Nossa, mas que demora para se encontrarem! Você chama isso de relacionamento?

Ego auxiliar 2 (plateia) — Eu não daria conta de esperar tanto!

O duplo[1] da protagonista realizado pelo diretor respondeu ao grupo. —Talvez eu tenha medo de dar errado. Acho que preciso ter certeza antes de investir tanto!

Os questionamentos do grupo pareciam demandar a necessidade de um padrão básico para que o relacionamento pudesse dar certo (*match* — papo — encontro real).

1 Na técnica do duplo, o ego auxiliar ou diretor verbaliza, com base em sentimentos e emoções percebidos e intuídos, as emoções e os pensamentos que o protagonista tem dificuldade de expressar verbalmente ou que ainda não foram percebidos por completo (Malaquias, 2012).

Ao falar em padrão, remetemo-nos à influência das redes sociométricas sobre os padrões sociais de comportamento, o que resulta em papéis sociais cristalizados, que limitam a possibilidade dos indivíduos de procurar novas formas de atuar e ampliar suas experiências (Fleury, 1999).

O duplo realizado pelo diretor sugeriu ao grupo que essa manifestação questionadora representaria os autoquestionamentos das próprias "paralisias" internas diante da possibilidade de realização dos projetos dramáticos:

Duplo do grupo (realizado pelo diretor) — Estamos criticando a paralisia da colega, mas, quando é nossa vez de marcar o encontro, ficamos esperando que o outro tome essa iniciativa!

Além disso, demonstra o desejo dos participantes de que seus vínculos afetivos sejam satisfatórios e a possibilidade de sonhar e desejar que isso aconteça, em vez de criar mecanismos de negação do próprio desejo. No duplo-espelho, o diretor toma o papel da protagonista e dá voz aos seus desejos não manifestos, dublando-a (Fonseca, 2010).

Os sentimentos de vergonha e de inferioridade por situar-se num lugar condenado e rejeitado pelo modelo cis-heteronormativo engendra conflitos quanto aos próprios desejos. Isso é resultado de experiências prévias de confusão identitária e homofobia interiorizada, próprias da tentativa de adaptação ao modelo hegemônico (Nascimento, 2010).

O modo de reagir de determinado sujeito em determinado grupo tem elementos coletivos e privados; os elementos coletivos carregam expectativas sociais de como cada pessoa ou determinado grupo deve se comportar na sua relação com o macrocosmo, impondo e sugerindo ao sujeito a construção de uma identidade (Moreno, 1993; Nery, 2010). Essa definição nos ajuda a compreender o processo impositor do estigma social das expressões de desejos não hegemônicos sobre o padrão de comportamento e relacionamento dos sujeitos LGBTQIA+ na sociedade.

SOL E NIK

A segunda história é vivenciada por Sol, um homem trans pansexual, e Nick, uma pessoa não binária. Ambos viviam em cidades diferentes e decidiram vivenciar uma relação não monogâmica em que se compartilhavam as experiências afetivas que vivenciavam com outras pessoas.

O protagonista narra a história de uma relação satisfatória que evoluiu de relacionamento afetivo romântico para amizade. As manifestações do grupo estavam voltadas para a busca de justificativas para a existência de um término, já que o protagonista relatava um vínculo satisfatório:

Ego auxiliar 1 (plateia) — Mas se o relacionamento estava tão saudável, por que teve que virar amizade?

Além disso, o fato de o casal ter abertura para narrar suas vivências românticas extraconjugais levou o grupo a pensar que talvez o foco estivesse mais fora do que dentro da relação, mais uma vez demandando um padrão "ideal" e hierárquico de funcionamento afetivo.

O ego auxiliar, ao desempenhar o papel de Nik, incentivando o término com Sol, realiza uma interpolação de resistência[2], explorando a mobilização da plateia e dando voz a ela, ao mesmo tempo que oferece ao protagonista novos pontos de vista, contrariando suas disposições conscientes, rígidas e cristalizadas (Gonçalves, Wolff e Almeida, 1988). O objetivo da interpolação de resistência foi expressar o receio do término, que pode ter sido evitado pelo protagonista ao narrar sua história.

Protagonista (em cena) —Términos são difíceis, a gente fica vivendo rejeições sempre que termina com alguém. Terminar com você é difícil, preferiria atualizar nosso relacionamento. Podemos ser amigos!

Ego auxiliar (unidade funcional/interpolação de resistência) — Eu não quero ser seu amigo; para mim é importante ter um ponto final.

[2] Técnica realizada pelo ego auxiliar para oferecer ao protagonista uma contraposição à sua atual percepção, ampliando a possibilidade de novas formas de atuação (Gonçalves, Wolff e Almeida, 1988).

A cena do término, vivenciada com a ajuda do ego auxiliar, trouxe ao grupo e ao protagonista o sentimento de abandono, decorrente de uma expectativa social não realizada: a do amor romântico, que determina o relacionamento como o local de resolução dos conflitos de rejeição vivenciados ao longo da vida. Ao vivenciar o término, o protagonista e o grupo buscam, ao longo da cena, adaptar a expectativa afetiva não realizada sem o estigma da rejeição.

Cruz, Oliveira e Araújo (2019) afirmam que experiências anteriores de rejeição e violência, especialmente na família, definem a forma como os sujeitos estabelecem e criam expectativas afetivas nos vínculos sociais.

Ao vivenciar a cena do término, propõe-se uma ressignificação das heranças vinculares na estrutura familiar presente na matriz de identidade do indivíduo, o que proporciona uma forma de atuação mais espontânea (Nery, 2014; Cukier, 2015).

SOFIA E LETÍCIA

Sofia, uma pessoa bissexual não binária, relatou que estava cansada de tomar iniciativa em seus *matches* e por isso esperou que Letícia puxasse assunto — e foi o que aconteceu. As duas construíram um relacionamento não monogâmico. Letícia já estava se relacionando com outra pessoa, o que não incomodava Sofia, pois as três se davam bem. As duas preferem não definir um rótulo, mas vivenciam uma relação não monogâmica com encontros frequentes. Sofia relata estar satisfeita.

Os questionamentos da plateia estão relacionados à falta que Sofia poderia estar sentindo de uma relação hierarquizada, em que tivesse mais presença, como se a não monogamia não transmitisse a ideia de segurança. Essa ideia decorre da conserva do modelo monogâmico hegemônico. Sofia tenta trabalhar em si a necessidade de desconstruir o ideal de que um relacionamento monogâmico é a única possibilidade de obter segurança afetiva.

Ego auxiliar (plateia) — Mas você não se incomoda de ela ter outra pessoa? Ou não fica se perguntando o que elas fazem quando não estão com você?

Sofia (protagonista) — Isso não é importante pra mim. Sei que temos uma relação muito legal, e isso é suficiente.

As sensações de insegurança sugeridas pela plateia remetem à dificuldade de elaborar a fase de triangulação proposta por Fonseca (1980) na construção da matriz de identidade. A relação com o terceiro (eu--ele) torna-se ameaçadora e insegura, o que faz que o eu demande o retorno a uma relação de corredor (eu-tu).

Na cena proposta com o ego auxiliar, Letícia dividiria com Sofia uma parte oculta de sua vida: a existência de uma filha de 10 anos de outro relacionamento. De início, na cena, a protagonista nega seu sentimento de indignação para demonstrar empatia pela parceira. A identificação do sentimento só foi possível a partir da intervenção do diretor com o uso da técnica de solilóquio.

Sofia (protagonista/ na cena) — Tudo bem você não me falar sobre sua filha, vai ser ótimo ter contato com ela, sempre quis ter contato com crianças!

Sofia (protagonista/ em solilóquio) — Não entendo por que ela não me contou essa parte de sua vida! Será que sua parceira soube antes de mim? Ela sempre soube do meu desejo de ser mãe. Estou indignada!

O solilóquio pode ser compreendido como um pensar em voz alta. Segundo Moreno (1993), representa os processos mentais e corporais do sujeito no momento da cena. É uma ampliação do eu, a qual permite que esses processos mentais fluam para a pessoa a quem deveriam ter sido originalmente comunicados.

Após a intervenção do diretor, sugere-se o retorno à cena para que a protagonista expresse seus sentimentos. Ao longo das intervenções, foi possível identificar que a filha representa para a protagonista um resquício do ideal de completude proposto pelo relacionamento monogâmico. Em um primeiro momento, a protagonista nega seu desejo, e somente após as intervenções consegue perceber que se trata de uma necessidade de "fazer parte" daquele modelo residual cis-heteropatriarcal que surge diante da existência de uma filha. É como se o projeto dramático da protagonista se realizasse por meio da filha da parceira.

Nery (2014) afirma que os vínculos virtuais são aqueles originários no mundo da fantasia e que estão diretamente conectados com os desejos do indivíduo. Apesar de não expressos, permanecem latentes na memória. Foram construídos a partir da matriz de identidade e das necessidades não atendidas da criança ferida e se atualizam como papel complementar interno patológico.

Costa e Belmino (2015) explicam que as relações afetivas e amorosas vivenciadas fora do padrão monogâmico buscam desconstruir o discurso do amor romântico e sagrado, ressaltando a liberdade dos seus parceiros e visando superar um modelo produtor de fracasso social e emocional.

CONSIDERAÇÕES FINAIS — OU INICIAIS?

Após as cenas, e para facilitar o compartilhar do grupo, o diretor sugere a consigna[3]: "Ao olhar para essas possibilidades de relacionamento, eu sinto..." Percebe-se no compartilhar[4] do grupo ansiedade e urgência para que os relacionamentos sejam vivenciados no campo da realidade. Sentimentos como angústia, frustração e decepção surgem diante do fracasso das expectativas que existiram nas cenas, seja pela mudança do relacionamento ou pelas possibilidades de rejeição e de não reciprocidade. "Eu me entrego e não recebo o mesmo de volta" (duplo do grupo).

Os relacionamentos não monogâmicos transmitiram a ideia de instabilidade para alguns participantes. Observou-se a necessidade de ter um papel representativo para o outro, mesmo que por meio de uma hierarquização, para se sentir seguro no relacionamento.

Foi comum a negação e a repressão dos reais sentimentos dos protagonistas. O duplo-espelho, como técnica mais utilizada, permitiu a expressão das reais necessidades, para assim caminhar para a

3 Sugestão ou instrução dada pelo diretor a fim de conduzir e orientar os participantes na ação dramática.

4 O compartilhar é a terceira fase de uma sessão sociátrica, o momento de expressão sobre o que foi vivenciado. Por meio dos relatos, acontecem as identificações e busca-se o desenvolvimento da empatia (Malaquias, 2012).

possibilidade de um relacionamento mais realista, no qual os desejos são aceitos sem medo, culpa ou cobrança.

A não monogamia sugere a possibilidade de desconstruir o modelo hegemônico de relacionamento, mas mantendo o mesmo anseio e desejo fantasioso de inclusão, acolhimento e segurança proposto por este. As expectativas parecem ser padronizadas, romantizadas. Busca-se tratar a exclusão social na inclusão afetiva, quando o outro me acolhe e me aceita, o que demonstra a forte influência da cultura cis-heteropatriarcal.

Os protagonistas do sociodrama, como emergentes grupais do conflito apontado pelo grupo, geram, pela exploração das articulações entre o individual e o coletivo, meios para compreender os processos vinculares e as relações de poder existentes entre os grupos (Nery, 2014). Os papéis psicodramáticos representados pelos protagonistas/emergentes grupais reproduziram não só os seus elementos individuais, mas também os do grupo, tornando-os passíveis de ser vivenciados (Gonçalves, Wolff e Almeida, 1988).

Além disso, os métodos sociátricos, reforçados pelo uso de técnicas como duplo-espelho, desempenho de papéis e interpolação de resistência, permitiram a expressão de desejos reprimidos e não manifestos socialmente.

Ficou claro que o isolamento social desencadeou necessidades afetivas nos participantes, que se viram diante de mecanismos antigos de rejeição dos próprios desejos mediante as frustrações afetivas vivenciadas em vínculos amorosos residuais.

A intervenção online requer do diretor e da unidade funcional criatividade e espontaneidade para adaptar as técnicas propostas pelo psicodrama, ao mesmo tempo que abre espaço para o uso de novas ferramentas audiovisuais como recursos de aquecimento.

Vale ressaltar a entrega da unidade funcional para estabelecer relações télicas com os participantes, o que pode ter favorecido, em alguns momentos, a realização de duplos, solilóquios e espelhos.

Caro leitor, cara leitora: não pretendo aprofundar um debate acerca das relações não monogâmicas, mas provocar em você uma reflexão a respeito das nossas necessidades afetivas e como estas se transformam em expectativas amorosas e são influenciadas por modelos patriarcais e monogâmicos, causando sofrimento sobretudo em pessoas de orientação sexual e de gênero que fogem da cis-heteronormatividade.

Além disso, a lógica neoliberal, mantida pelo nosso modelo econômico e político, exige padrões de comportamento e relacionamento cada vez mais adoecedores, como a necessidade de ser autossuficiente e de manter a exclusividade nos relacionamentos, a hierarquização das relações e o descarte fácil das pessoas. Busquemos formas mais inclusivas de nos relacionarmos em um mundo influenciado por uma cultura que oprime e faz sofrer aqueles que fogem desse padrão.

REFERÊNCIAS

Beleli, Iara. "O imperativo das imagens — Construção de afinidades nas mídias digitais". *Cadernos Pagu*, v. 44, jan.-jun. 2015. Disponível em: https://periodicos.sbu.unicamp.br/ojs/index.php/cadpagu/article/view/8637321/5037. Acesso em: 14 nov. 2023.

Costa, Tatiane; Belmino, Marcus Cézar. "Poliamor — Da institucionalização da monogamia à revolução sexual de Paul Goodman". *IGT na Rede* [online], v. 12, n. 23, p. 424-442, 2015. Disponível em: http://pepsic.bvsalud.org/scielo.php?script=sci_abstract&pid=S1807-25262015000200008&lng=en&nrm=iso&tlng=pt. Acesso em: 16 nov. 2023.

Cruz, Hizabella de Andrade B.; Oliveira, Laize Cedraz de; Araújo, Roberta Lima M. S. "Homossexuais e sofrimento psíquico — Homofobia em contexto intrafamiliar". *Psicologia, Diversidade e Saúde*, Salvador, v. 8, n. 3, p. 377-387, nov. 2019.

Cukier, Rosa. *Sobrevivência emocional — As dores da infância revividas no drama adulto*. 6. ed. São Paulo: Ágora, 2015.

Drummond, Joceli; Souza, Andréa Claudia. *Sociodrama nas organizações*. São Paulo: Ágora, 2008.

Fleury, Heloisa Junqueira. "A dinâmica de grupo e suas leis". In: Almeida, Wilson Castello de (org.). *Grupos — A proposta do psicodrama*. São Paulo: Ágora, 1999. p. 49-57.

Fonseca, José. *Psicodrama da loucura — Correlações entre Buber e Moreno*. São Paulo: Ágora, 1980. [Ed. rev.: 2008.]

______. *Psicoterapia da relação — Elementos de psicodrama contemporâneo*. 3. ed. rev. São Paulo: Ágora, 2010.

Gonçalves, Camila Salles; Wolff, José Roberto; Almeida, Wilson Castello de. *Lições de psicodrama*. São Paulo: Ágora, 1988. [Ed. rev.: 2023.]

Malaquias, Maria Célia. "Teoria dos grupos e sociatria". In: Nery, Maria da Penha; Conceição, Maria Inês Gandolfo. *Intervenções grupais — O psicodrama e seus métodos*. São Paulo: Ágora, 2012.

Miskolci, Richard. "Negociando visibilidades — Segredo e desejo em relações homoeróticas masculinas criadas por mídias digitais". *Revista Bogoas*, v. 8. n. 11, p. 51--78, 2014. Disponível em: https://periodicos.ufrn.br/bagoas/article/view/6543. Acesso em: 27 nov. 2023.

Moraes Neto, Agenor Vieira de. "Unidade funcional". In: Almeida, Wilson Castello de (org.). *Grupos — A proposta do psicodrama*. São Paulo: Ágora, 1999.

Moreno, Jacob Levy. *Psicodrama*. 9. ed. São Paulo: Cultrix, 1993.

Nascimento, Márcio A. N. "Homofobia e homofobia interiorizada — Produções subjetivas de controle heteronormativo?" *Athenea Digital*, n. 17, p. 227-239, mar. 2010. Disponível em: https://atheneadigital.net/article/view/n17-nascimento/652-pdf-pt. Acesso em: 16 nov. 2023.

Nery, Maria da Penha. *Grupos e intervenção em conflitos*. São Paulo: Ágora, 2010.

______. *Vínculo e afetividade — Caminho das relações humanas*. São Paulo: Ágora, 2014.

Shearing, Hazel. "Pandemia mudou modo como pessoas dão 'match', diz chefe do Tinder". *BBC News Brasil*, 22 jun. 2021. Disponível em: https://www.bbc.com/portuguese/geral-57575906. Acesso em: 14 nov. 2022.

Silva, Adriana Nunan do Nascimento. *Homossexualidade e discriminação — O preconceito sexual internalizado*. Tese (doutorado em Psicologia) — Pontifícia Universidade Católica do Rio de Janeiro, Rio de Janeiro, 2007. Disponível em: http://ppg.psi.puc-rio.br/uploads/uploads/1969-12-31/2007_2abb2e28cd64206d4ea55ed7a403cac1.pdf. Acesso em: 14 nov. 2023.

Vidal, Gabriela Pereira et al. "Grupos de estudos em tempos de pandemia — Uma proposta de sociodrama online". *Anais do Congresso Internacional de Educação e Tecnologias/Encontro de Pesquisadores em Educação a Distância 2020*, São Carlos, ago. 2020. Disponível em: https://cietenped.ufscar.br/submissao/index.php/2020/article/view/1643/1286. Acesso em: 14 nov. 2023.

Vidal, Gabriela Pereira; Castro, Amanda. "O psicodrama clínico on-line — Uma conexão possível". *Revista Brasileira de Psicodrama*, v. 28, n. 1, p. 54-64, 2020. Disponível em: http://pepsic.bvsalud.org/scielo.php?script=sci_arttext&pid=S0104-53932020000100006&lng=pt&tlng=pt. Acesso: 14 nov. 2023.

Yozo, Ronaldo Yudi K. *100 jogos para grupo — Uma abordagem psicodramática para empresas, escolas e clínicas*. 18. ed. São Paulo: Ágora, 1996.

Zakabi, Denise. "Clínica LGBT: contribuições do psicodrama para superação do estigma e da discriminação". *Revista Brasileira de Psicodrama*, v. 22, n. 2, p. 6-14, 2014. Disponível em: http://pepsic.bvsalud.org/scielo.php?script=sci_arttext&pid=S0104-53932014000200002. Acesso em: 14 nov. 2023.

9. Amor em tempos de Grindr — Eternamente jovens? Eternamente belos? Eternamente solitários?

Claudia Clementi Fernandes

[...]
assim como
eu estou em você
eu estou nele
em nós
e só quando
estamos em nós
estamos em paz
mesmo que estejamos a sós
Paulo Leminski, "Contranarciso"

INTRODUÇÃO

Uma sociedade hiperconectada, com um vasto cardápio de aplicativos de relacionamento que incentivam as possibilidades de contato, somada à hiperexposição de corpos, nos dá a ilusão de que há muitas possibilidades de encontro — dos sexuais aos amorosos. Porém, a solidão continua sendo uma queixa recorrente em nossos consultórios.

As "conexões" amorosas no mundo contemporâneo e seus impasses são o foco deste capítulo. Fazendo um recorte na comunidade LGBTQIA+, escrevo sobre minha prática clínica com um jovem gay a fim de pensar os desafios que esse paciente encontra para sustentar um relacionamento amoroso nos dias de hoje.

As perguntas que se abrem parecem ser desafiantes não só para esse paciente. A questão singular desse caso pode nos fazer pensar em um certo recorte de homens gays, brancos, cisgêneros, com recursos financeiros para buscar experiências sexuais por meio de festas, baladas, aplicativos.

Que efeitos os aplicativos têm na iniciação sexual e na vida amorosa desses homens? Quais são os impasses e as possibilidades de viver amor e sexo? O que está em jogo nesse binômio?

Vale considerar que, hoje, os aplicativos de relacionamento são uma realidade para todos os gêneros e orientações sexuais quando se trata da procura de relacionamentos, sexo, encontros pontuais. Salienta-se que muitos encontros amorosos iniciados nos aplicativos ultrapassam o mundo virtual. Escolher o Grindr como objeto de estudo não significa generalizar ou moralizar o uso dessa ferramenta.

ESPELHO, ESPELHO MEU, EXISTE ALGUÉM MAIS DESEJADO DO QUE EU?

"Me disseram que eu era feio demais para ser gay", conta Jakeb Arturio Bradea, homem branco cisgênero, em uma entrevista à BBC News Brasil (Hunte, 2020). Ele relata ter ouvido essa frase de um homem em um bar gay em Huddersfield, na Inglaterra. Jakeb, que pensou em se matar, prossegue: "Eu não saio para encontros porque tenho medo de que as pessoas me vejam na vida real. Faria uma cirurgia plástica se pudesse pagar". Jakeb recorreu a anabolizantes e, de repente, não conseguia mais parar. Era como se uma voz em sua cabeça continuasse a dizer que ele era ainda muito magro e, portanto, pouco desejado. Que discurso traz esse enunciado?

Apesar dos direitos conquistados e de avanços sociais e culturais, a comunidade LGBTQIA+ parece estar ligada a um modelo visto como ideal: homem, branco, cisgênero e sarado. Nossa matriz sociocultural de identidade nos impõe pautas de conduta em todas as relações: ser homem (e suas dores) na sociedade patriarcal, judaico-cristã, cis-heteronormativa, neoliberal... Por isso a comunidade LGBTQIA+ reproduz discursos de ódio e preconceito entre seus iguais, aumentando os desafios de construir relacionamentos. O julgamento e a crítica exacerbados parecem silenciar e dividir a própria comunidade, que também sofre preconceitos fora dela.

No universo gay, a busca de um corpo bonito, sarado, eternamente jovem, parece interessar boa parcela dessa comunidade: homens que procuram tipos que atendam a uma lista de exigências idealizadas, espetaculares. Uma das cenas temidas que escuto de forma recorrente no consultório é o medo de se tornar um corpo velho, solitário ou fora dos padrões fortemente ditados pelo "cardápio" oferecido no mundo dos aplicativos.

Os homens que procuram fazer parte dessa "lista idealizada" deparam com padrões inatingíveis, com um outro que dificilmente cumprirá suas expectativas — afinal, o outro é sempre o outro, com seus sonhos, afeições e falhas. De um lado, são homens insatisfeitos com seus parceiros porque estes não cumprem suas exigências; espelham um ideal que gostariam de ser e ter. De outro, consideram-se incapazes de atingir a expectativa de pessoas dessa comunidade extremamente exigente. O resultado é uma insatisfação permanente, por falta ou excesso do que se pode viver.

Hoje, há um alto investimento no desejo de um "parceiro ideal", e parece-me que os donos de aplicativos sabem disso. Se você não se perguntar o que você deseja, o algoritmo do programa dirá o que deve desejar. Esses parâmetros inundam nosso imaginário, dando sentidos únicos à experiência relacional. Criam a ilusão de que há um padrão ou um jeito ideal de ser e estar no mundo, bem como o valor que um corpo "mais padronizado" terá ou não dentro desse universo. Uma questão sociométrica importante: um corpo em conformidade com o padrão vigente está mais protegido de ser excluído socialmente?

Segundo Cardoso Jr. e Wahba (2022), um circuito de autogratificação mantido pela constante idealização pode inclusive levar a um automatismo, expresso na busca incessante de parceiros em redes sociais e aplicativos — que se transforma em uma conserva cultural, promovendo dificuldades nas interações sociais com parceiros românticos. Esse automatismo dificulta a vivência de relações criativas que seriam possíveis após a desidealização e a elaboração da necessidade de autogratificação pelo sujeito. Outro ponto a ser debatido se refere à exclusão de sentimentos indesejados da experiência amorosa.

O Grindr, aplicativo usado exclusivamente por homens que buscam sexo com outros homens, permite a exposição de partes íntimas do corpo, imagens que sugerem performance de virilidade e potência no desempenho sexual. Esses usuários muitas vezes recorrem a medidas como cirurgias plásticas[1], uso indiscriminado de hormônios e medicamentos sem acompanhamento médico, procurando atender a padrões de beleza e masculinidade. Há uma insensibilidade em torno das relações que vão se construindo a partir de automatismos gerados pelo app em torno dessa imagem, desses corpos codificados. Em muitos relatos da minha clínica, pacientes se queixam de que essas conexões geram vínculos precários, com baixa qualidade de trocas. A ilusão de que há muitos parceiros disponíveis e de que talvez em uma próxima rodada será possível encontrar um homem mais interessante gera o "sumiço" (*ghosting*) de uma hora para outra, sem muitas explicações. Corpos que cumprem um ideal de potência e virilidade são vistos e admirados em série. A comunicação é feita com pouco corpo, pouca presença, espaços sem destino para o que se está sentindo. Uma comunicação resumida, precarizada, descontinuada.

Somos seres relacionais. Tudo que sabemos de nós mesmos é atravessado pelo outro, por como o outro nos desejou, por como fomos nomeados. Tornamo-nos adultos num processo cheios de idas e vindas, retornando muitas vezes a momentos mais vulneráveis — quando duvidamos de quem somos, de nossa imagem, de nosso valor. Nesse processo, nossa imagem vai sendo questionada, desmentida, reconstruída. Atualmente, a dinâmica das performances online parece nos ofertar uma enxurrada de falsas promessas sobre quem somos e quem podemos ser. E de que, se nos esforçarmos um pouco mais, vamos nos sentir completos, imbatíveis, desejáveis, "eu ideais" em busca de outros idênticos.

Questionar o lugar que ocupamos a partir de como o outro nos vê parece ser fundamental a fim de analisarmos as insígnias e os títulos de poder que se fazem presentes nas relações contemporâneas: corpos e comportamentos que tendem a ser muito parecidos entre si.

[1] Segundo dados divulgados pela Associação Britânica de Cirurgiões Plásticos Estéticos (Baaps), em 2018 foram realizadas 179 abdominoplastias em homens — um aumento de 18% em relação ao ano anterior (Branquinho, 2020).

VINHETA CLÍNICA

Homem, branco, cisgênero, gay, 25 anos, que chamarei de Lauro[2], reside em São Paulo há três anos e veio em busca da diversidade cultural, do reconhecimento profissional e da construção de uma vida nova. A cidade provoca em Lauro um estado de solidão e melancolia, mas também fascínio por estar livre e disposto a conhecer e desfrutar os mistérios da grande metrópole. Ser forasteiro e explorar uma certa clandestinidade sempre o interessou. Trabalha com *design* gráfico, busca reconhecimento e novos desafios no campo profissional. É competente, criativo e sensível. Lauro traz como queixa inicial as saunas gays como lugar de acolhimento, mas também gerador de vazio e culpa, bem como a dificuldade de viver relações amorosas.

Lauro iniciou-se sexualmente pelo aplicativo de relacionamento Grindr, aos 16 anos. Disse que tinha 18 anos e se encontrou com um rapaz de 26. O homem foi frio e objetivo. Lauro saiu da experiência com dor, tanto física quanto psíquica: "Cheguei muito assustado, me coloquei como um bezerro para um abate". Por medo de rejeição, de mostrar sua falta de experiência, não manifestou seu incômodo. Depois de alguns dias, encontrou o rapaz perto do seu colégio. Ele o viu passar perto dele e seguir como se nada tivesse acontecido. Sabia que o aplicativo era impessoal, mas não pensava que fosse tanto.

Aos 6 anos de idade, Lauro foi flagrado brincando com um lençol na cabeça: "Queria brincar com os códigos, achava fascinante a alegoria. Uma hora você é menina, em outra você é menino". Foi fortemente repreendido pela mãe. Na escola, era amigo dos populares para se proteger de *bullying* ou dos comentários homofóbicos. Não pôde viver os namoricos como os demais colegas. Ao proteger-se dos ataques homofóbicos durante a adolescência, percebeu que, para ser aceito no grupo, não poderia "brincar com os códigos do que é ser menino ou menina, não poderia dar pinta". O fato de ocultar-se, não viver tranquilamente sua sexualidade, legou-lhe a experiência de solidão.

2 O paciente assinou um termo de consentimento autorizando a publicação de recortes do caso.

Lauro percebeu que, para experimentar sua sexualidade, no início de sua adolescência, teria de desempenhar esse papel de forma oculta, velada. A partir daí, o sexo "impessoal" tornou-se uma constância. "Se for impessoal não terei que me expor, serei aceito." O sexo impessoal se tornou uma lógica afetiva de conduta. Segundo Nery (2014, p. 30), "as lógicas afetivas estruturam a conduta conservada necessária para a continuidade da aprendizagem, para a sedimentação dos processos de assimilação e acomodação de conteúdos socioemocionais".

Pode ser que ele tenha encontrado no *app* maneiras de reforçar a lógica afetiva de conduta de que precisa ter relações sexuais atravessadas pela impessoalidade. O paciente continuou buscando nos aplicativos, nas saunas e em garotos de programa a adrenalina do sexo do primeiro encontro.

Antes de continuar discorrendo sobre a vida de Lauro, trago, neste momento, a conceituação psicodramática de papel, a fim de facilitar a análise que será elaborada a seguir sobre os papéis sociais desempenhados na história de vida do paciente. O conceito de papel pode ser compreendido como um contorno na relação do indivíduo com o social. De acordo com Contro (2020), ele apresenta denominadores coletivos e diferenciadores individuais, numa interação por vezes duradoura ou momentânea.

Fonseca (2022) articula o conceito de papel da teoria psicodramática à ideia de desejo da psicanálise. Segundo o autor, "os papéis surgem antes de o eu (ego, personalidade, estrutura psicológica) estar formado". Os papéis podem ser definidos como "as formas reais e tangíveis que o eu adulto adota [...]" (Moreno, 1991, p. 206). O estudo do eu é realizado pela observação de como o sujeito exerce seus papéis e, consequentemente, como se vincula com seus contrapapéis.

Para explicitar melhor, Fonseca (2022) traz um apontamento de Mario Carezzato (comunicação pessoal, 2021), participante do Grupo de Estudos de Psicodinâmica (GEP) do Daimon: "Os papéis constituem a interface entre o desejo e o outro. Se a personalidade, como máscara, tem duas superfícies, uma voltada para dentro e outra voltada para fora, a externa denomina-se papel". Fonseca (2022) conclui que os papéis são, portanto, a extensão social e cultural da personalidade. Funcionam como emissários do desejo e da demanda para o outro (tu).

Para suportar a opressão social e desempenhar papéis no seu coletivo escolar, na adolescência, Lauro se revestiu de um personagem com um papel social defensivo, apartado do seu desejo, por temer não ser aceito, "já que homem tem que ser homem". Diferentemente dos outros meninos da sua idade, que compartilham as experiências e os atropelos naturais da iniciação sexual, desvendando medos e fantasias, Lauro viveu a adolescência num mundo privado de trocas sobre intimidades. Seu confidente de adolescência, o aplicativo de sexo, cumpriu esse lugar diversas vezes, e isso afeta a vida amorosa adulta de muitos de sua geração.

Mesmo assumindo certas posturas para "não dar pinta", Lauro sentia-se fora do grupo social e sabia que não poderia viver sua sexualidade de maneira livre, como os demais colegas. Sua sexualidade foi vivida à margem, por meio do aplicativo. O subversivo desde muito cedo ficou atrelado aos afetos: afetar-se por um outro é proibido e pode ser perigoso, e o perigo remonta à adrenalina do primeiro encontro sexual — um misto de prazer e dor.

Nery, (2014, p. 31) ressalta que

> todo processo relacional, construído por nossa afetividade, nos lança ainda para práticas de poder. [...] Então, poder e afetividade, conjugados, fundamentam as complementações de papéis. [...] Todo vínculo está imbuído de dinâmicas de poder, mediante as quais forças psíquicas e interpsíquicas entram em vigor para a conquista, principalmente do equilíbrio biossociopsicológico. A perda da habilidade de sermos o protagonista da história, de usufruirmos das práticas de poder para a nossa construção humana, resulta em nossa automação e robotização.

Na vida adulta, já em São Paulo, Lauro buscou construir um corpo forte, musculoso e blindado, por achar que seu corpo estivesse aquém das expectativas. Por estar muito atento aos ditames de perfeição, vejo-o em uma lógica de comparação. Em tempos neoliberais, a cultura do desempenho promove a narrativa de compensação, em que a entrega meticulosa ao corpo perfeito parece estar presente. "Apesar de gay, tenho um corpo sinônimo de poder, que tudo pode." Mas pode mesmo? E em que relação de poder ele acaba se inserindo?

Suely Rolnik (2021) afirma que nossa cultura torna nossos corpos neoliberais, empreendedores de si, incentivando a relação com os aplicativos: divulgar-se com o melhor ângulo, a melhor exposição, para ser consumido rapidamente a cada *like* vivido. O sujeito-empresa é devorado pelo outro e depois descartado. Afinal, há um exército de corpos disponíveis no cardápio virtual.

Para viver a sexualidade e os afetos de maneira clandestina, Lauro extrapolou o que seria somente sexo casual, somando a isso a adrenalina de colocar o corpo em risco com o uso de drogas e substâncias que o deixaram em muitos momentos inconsciente, à mercê da própria sorte. Ele viveu uma dupla clandestinidade: "sexo e cidade", "pertencimento e não pertencimento".

Segundo Merengué (2011, p. 78),

> os papéis limitam, organizam, territorializam as ações, determinando o que podem e o que não podem mulheres, homens, gays, lésbicas, travestis, transexuais. [...] Os papéis, como quer Moreno (1978), traduzem uma cultura, mas, junto disso, modos de exercer poderes. Como se cada papel trouxesse um manual para consigo mesmo e para com o outro, devidamente disponibilizado nas nossas sociedades, inevitavelmente, de controle. Para que o controle seja efetivo, é preciso repetir padrões, mas talvez disfarçá-los, apresentá-los de outros modos. Em outras palavras, o papel é poder, está autorizado pela cultura.

A vida sexual e amorosa de Lauro foi por muito tempo submetida a esse "manual" proposto pelas relações casuais estimuladas pelos aplicativos, que impõem um jeito de ser e estar nos relacionamentos. Lauro reproduz suas conservas culturais e suas lógicas afetivas de conduta: ser clandestino e não se sentir pertencente aos espaços — sobretudo quando se trata de ocupar o espaço amoroso. Lógicas que foram estruturadas ao longo da sua história de vida, ocasionadas tanto pela homofobia quanto por situações de rejeição da família e da escola.

Com a ajuda de anabolizantes e de um *personal trainer*, Lauro sente seu corpo mais forte e bonito na vida adulta. O papel de amante agora é recoberto por um corpo musculoso, que atende a um padrão social de determinado grupo que pertence a um lugar, mas internamente continua se sentindo inseguro. Trata-se de um corpo que se reveste de um papel de poder e está mais condizente com o grupo a que almeja pertencer. Os malhados tendem a se relacionar com os malhados, os peludos com os peludos; formam-se subgrupos de iguais que tendem a assumir automatismos e códigos desse núcleo.

Um corpo musculoso pode se afirmar pelo sexo com um discurso de suposta liberdade sexual, mas esconde um mecanismo compulsivo de exploração contínua, insatisfeita, com desfechos fragmentados e impessoais.

Lauro chama esse personagem de "Robocop" e procura encontrar um parceiro semelhante a si. Sente-se atraído por um igual, que tenha as mesmas insígnias de poder no corpo ou na carreira. Ele me responde em uma sessão: "Os encontros com os iguais são como dois robôs — quando você molha um equipamento, ele quebra". Depreende-se que molhar o equipamento pode significar se emocionar e ser capaz de experimentar seus sentimentos mais livremente, sem "colapsar".

A cena do primeiro encontro sexual foi a chave para entender os repetidos relacionamentos que vieram a partir de então. Lauro performa com o personagem Robocop para se blindar de seus sentimentos, alienado, portanto, de seus desejos. A partir daí, só muita adrenalina para desviar-se de emoções no campo amoroso.

Segundo Contro (2020, p. 12-13),

> personagens são formas que delineiam sentimentos, sensações, pensamentos, as mais variadas forças que nos constituem ou que momentaneamente nos atravessam. Tudo pode ser simbolicamente corporificado por meio de um ou mais personagens. Eles aglutinam sentidos que por vezes estão dispersos, desconexos e, por isso mesmo, não são vislumbrados.

> O simples ato de sugerir a alguém [que imagine] um personagem que expresse algo que esteja sentindo ou com o qual se identifique é um estímulo interessante para que exercite sua percepção e possa agregar o que está esvanecido, rumo a uma maior consciência de si mesmo e das dinâmicas nas quais se encontra enredado.

Nomear esse personagem e entender como ele se comporta ampliou as possibilidades e os entraves de poder seguir mais espontânea e criativamente sua vida amorosa.

Perseguimos o desejo, ainda que seja um trabalho com muitas voltas e reviravoltas. Desejo e demanda se articulam. As demandas vêm sempre do outro e nos cooptam inúmeras vezes. O "ter de" nos orienta, mas também nos impõe deveres e, às vezes, invisibiliza nossos desejos.

O desejo de encontrar um namorado e viver um relacionamento que atravesse os primeiros encontros se confunde com as demandas da ordem do corpo, da aparência, de padrões vigentes do grupo em que se está inserido. Não é qualquer homem que poderá cumprir essas exigências.

O trabalho com Lauro prosseguiu, e as perguntas em torno do desejo e de experimentar novos papéis no campo amoroso continuaram sendo exploradas, dando outros contornos às demandas imperativas em posições polarizadas, binárias, com "quero/não quero" que se impunham.

Os binômios "impessoalidade/intimidade" e "pertencimento/não pertencimento" passaram a ser dialetizados.

Homens "Robocops" pertencem à rua e exercem um grande fascínio sobre Lauro, mas com o trabalho clínico pudemos explorar outros personagens que parecem trazer respostas mais criativas para sua vida amorosa. O personagem que quer um aconchego, dormir de "conchinha", aparece, enriquecendo o universo de possibilidades do paciente.

O dentro e o fora, a rua e a casa. A rua tem seu fascínio pelas descobertas, por encontros; a casa, pela intimidade que ainda está por viver. Articular a rua e a casa foi um passo importante para a construção de intimidade e a chegada de um parceiro que ele namora há mais de um ano. O relacionamento foi chamado de aberto porque Lauro deseja a rua, mas se referiu ao namoro como "casa", parceria e aconchego.

Pela primeira vez, o paciente tem a experiência de morar só e ter sua casa habitada por um relacionamento mais criativo, com inúmeras trocas além do sexo, o que desperta em Lauro o desejo de ser íntimo. Ter um companheiro, trocar, permanecer, ir e vir pode ressignificar algo da sua intimidade. Vacilar, abalar, esvaziar o ideal e dar potência a personagens menos imperativos que nos habitam apareceram em muitas de nossas sessões. Fazer concessões, contrapontos, movimentos dentro e fora de si, do corpo, dos afetos, das ações.

Lauro (re)moveu-se do personagem Robocop — que não chorava, não transitava livremente em seu corpo, colado a uma imagem ideal — e migrou para um personagem mais fluido, mais volátil, com mais volume, mais subjetividades, ambiguidades, podendo ser redesenhado a cada vez, a cada volta. Em casa, tira o casco de Robocop e se despe da armadura para partilhar um corpo-pele poroso, pulsante, que pode viver algo parecido com um encontro.

Esse novo personagem construído por Lauro circula entre a casa e a rua, em trânsito, em transe, transitando por calçadas ou avenidas. É, fluido, ganhou humanidade, aceitação de limites, leveza: a criança que brinca livre, leve e solta.

O desejo, quando se realiza, vira outro e é parte de um todo. Novos ciclos de partes e todos entram em ação. A implicação, o olhar atento para o que se deseja, idas e vindas na direção do que nos falta constroem uma gramática do desejo.

CONSIDERAÇÕES FINAIS

Lauro iniciou a vida sexual por volta de 16 anos nos aplicativos de relacionamento. Ela foi marcada por experiências impessoais e violências simbólicas e permeada pela homofobia social. O aplicativo Grindr tornou-se muitas vezes seu confidente de adolescência, o que impactou sua vida amorosa adulta e provavelmente a de muitos de sua geração. Os impasses e as impossibilidades ao vivenciar amor e sexo podem estar relacionados a como ele iniciou sua vida sexual e ao constante uso do aplicativo. Muitos homens gays se recobrem dessa espécie de "pele psíquica" defensiva com medo de amar, de encontrar relações mais satisfatórias, com afeto e intimidade.

Para um homem gay, os aplicativos podem aparentemente resolver a questão do pertencimento, mas no decorrer de sua vida amorosa o resultado não é muito promissor.

No episódio "Solidão gay" (2021), do *podcast Vibes em Análise*[3], os apresentadores afirmam que a questão do abandono, na comunidade LGBTQIA+, está presente em diferentes níveis: na sociedade, porque o Estado não protege esses indivíduos; no espaço público, porque as leis que deveriam proteger seus direitos não são cumpridas; e na família, em virtude do preconceito e da rejeição.

O desejo de ser amado por alguém que traga potência, prazer, trocas e novas descobertas parece estar distante da vida autoprotegida dos aplicativos, das saunas, do sexo *fast food* que coloca o sujeito em constantes repetições, numa promessa de que algo novo aparecerá nos inúmeros *likes* e *dislikes*. O "eu" do sujeito fica com pouco espaço e o afeto dá lugar à objetificação.

A vida relacional dos aplicativos traz questões para todos e nos convida a pensar em relacionamentos que não sejam regidos pelas ditaduras comportamentais impostas em tais ferramentas. Essas experiências são ditadas por algoritmos que nos dizem o que desejar e como são as "normas desejantes" que se conjugam com a cis-heteronormatividade. Olhar para a singularidade de Lauro não implica generalizar padrões de conduta da comunidade LGBTQIA+, mas refletir sobre o que está em jogo no trânsito público/privado. Lauro compreendeu sua dificuldade de construir um vínculo amoroso mais espontâneo-criativo quando cortava laços que poderiam gerar sentimentos dolorosos.

Afeto e sexo nem sempre caminham juntos, mas repensar o lugar que se ocupa no sexo casual pode ser um passo importante para a não

3 O *podcast Vibes em Análise* é apresentado pelos pesquisadores e psicanalistas André Alves e Lucas Liedke. Eles discutem questões culturais e comportamentais que estão submersas no nosso inconsciente.

objetificação de corpos, evitando a reiteração de práticas que só machucam e agridem um outro semelhante a si.

A cada encontro amoroso, que haja o direito de arbitrar, desde que a lógica não seja a das relações de poder abusivas. O que se pactua com o outro de modo consensual remete à ética do desejo e da responsabilidade afetiva do um a um.

REFERÊNCIAS

BRANQUINHO, Bruno. "Por que os homens gays estão tão infelizes com seus corpos?" *Carta Capital*, 2 mar. 2020. Disponível em: https://www.cartacapital.com.br/blogs/saudelgbt/por-que-os-homens-gays-estao-tao-infelizes-com-seus-corpos/. Acesso em: 21 nov. 2023.

CARDOSO JÚNIOR, Aroldo de Lara; WAHBA, Liliana Liviano. "Ingresso do afeto — Exposição indevida e *ghosting* em jovens usuários de redes sociais". *Revista Brasileira de Psicodrama*, v. 30, e1822, p. 1-15, 2022. Disponível em: https://revbraspsicodrama.org.br/rbp/article/view/577. Acesso em: 27 mar. 2023.

CONTRO, Luiz. *Nós e nossos personagens — Histórias terapêuticas*. São Paulo: Ágora, 2020.

FONSECA, José. "O lugar do desejo na matriz de identidade". *Revista Brasileira de Psicodrama*, v. 30, e0122, p. 1-11, 2022. Disponível em: https://www.scielo.br/j/psicodrama/a/TwWrCdNqptZZxY6Rmx76zdF/. Acesso em: 21 nov. 2023.

HUNTE, Ben. "Me disseram que eu era feio demais para ser gay". *BBC News Brasil*, 16 fev. 2020. Disponível em: https://www.bbc.com/portuguese/geral-51450567. Acesso em: 21 nov. 2023.

LEMINSKI, Paulo. *Caprichos & relaxos*. São Paulo: Companhia das Letras, 2016. *E-book*.

MERENGUÉ, Devanir. "Papéis, poderes e gêneros no universo trans". In: CASULARI, Júlia Maria; ALVES, Luís Falivene (orgs.). *Psicodrama — Ciência e arte*. São Paulo: Ágora, 2011.

MORENO, Jacob Levy. *Psicodrama*. São Paulo: Cultrix, 1991.

NERY, Maria da Penha. *Vínculo e afetividade — Caminho das relações humanas*. 3. ed. rev. São Paulo: Ágora, 2014.

ROLNIK, Suely. *Antropofagia zumbi*. São Paulo: N-1, 2021.

VIBES EM ANÁLISE: "Solidão gay". Apresentadores: André Alves e Lucas Liedke. [S.l.]: Spotify, set. 2021. *Podcast*. Disponível em: https://open.spotify.com/episode/6LOKPJ5pDL2tiG6JKcWira. Acesso em: 23 nov. 2023.

10. Terapia sexual psicodramática

Nilton Inacio do Nascimento

Se colocarmos no centro da vida a sexualidade, estarão presentes: os corpos, os sexos, os afetos, os desejos, os prazeres, as relações de poder e de gênero, os amores, os encontros e os desencontros — e tudo mais que a atravessa na sociedade ocidental capitalista, patriarcal e judaico-cristã em que vivemos. Usei o plural porque a sexualidade assim o é. No centro do psicodrama estão a ação e o resgate da espontaneidade-criatividade no aqui-agora dos relacionamentos interpessoais, por meio do desempenho de papéis. No centro da terapia sexual estão as classificações diagnósticas dos manuais médicos e os exercícios eróticos estruturados baseados na psicologia comportamental. No centro deste capítulo está o exercício intelectual para apresentar uma teoria e uma prática psicodramática no campo da sexologia, especificamente no terreno da terapia sexual. Será mesmo isso possível, uma vez que J. L. Moreno (1889-1974), criador do psicodrama, não se debruçou especificamente sobre o tema?

Diante das diversas possibilidades de abordar esse assunto na clínica psicológica, optei por refletir sobre alguns conceitos da teoria psicodramática e seus usos no campo da sexualidade. Não como receita de bolo, mas como inspiração para possíveis atuações, deixando à espontaneidade de cada psicodramatista o seu fazer criativo. Para ilustrar a prática, apresentarei fragmentos de um caso típico de transtorno erétil em homem adulto, branco, cis, heterossexual, seguido do devido processamento teórico, prático e metodológico, ciente de que se trata apenas de uma possível linha de intervenção, haja vista as diversas possibilidades de manejo e desencadeamento das cenas de ação considerando-se a relação terapêutica — nesse caso, estabelecida com um psicoterapeuta homem, pardo, cis, heterossexual.

Embora eu compreenda a sexualidade como plural — contemplando os desejos, os prazeres e suas práticas —, suas demandas na clínica psicológica costumam se apresentar nas narrativas dos pacientes como dificuldades de diversas ordens (pessoais, relacionais, religiosas, culturais etc.) e, também, como transtornos sexuais. As primeiras dizem respeito às queixas relativas à sexualidade em geral, por exemplo, por "desconhecimento" do próprio corpo, por baixa autoestima, por relacionamentos adoecidos, por mitos e tabus, por dogmas religiosos, bem como por contextos socioculturais de vida. Os segundos são aqueles elencados no *Manual Diagnóstico e Estatístico dos Transtornos Mentais — DSM-5* (APA, 2014) como Transtornos Parafílicos (TP) e Disfunções Sexuais (DS) e na *Classificação Estatística Internacional de Doenças e Problemas Relacionados à Saúde — CID-10*[1] (OMS, 2017). Abordaremos especificamente as DS, devido a sua maior presença na clínica de terapia sexual — sem, contudo, perder de vista a relação intrínseca entre as duas condições psicológicas apresentadas.

As DS são definidas no *DSM-5* (APA, 2014, p. 423) como "uma perturbação clinicamente significativa na capacidade de uma pessoa responder sexualmente ou de experimentar prazer sexual". Trata-se de uma definição da área médica, portanto ligada à ideia de causa e efeito, o que dificulta o entendimento mais aprofundado do fenômeno. Entendo que "perturbação clinicamente significativa" se refere ao conjunto de critérios que compõem os diagnósticos, tais como:

a) os sintomas específicos da disfunção;
b) se é generalizada — quando ocorre na maior parte das relações — ou específica — quando só ocorre em determinadas situações;
c) se é primária — desde o início da vida sexual — ou secundária — a partir de determinada situação ou acontecimento;
d) há quanto tempo ocorre (no mínimo seis meses para caracterizar uma DS);
e) se provoca sofrimentos em si e/ou na parceria.

[1] Refiro-me à décima edição da CID porque a CID-11, embora esteja em vigor desde março de 2022, não foi traduzida para o português até a publicação deste livro.

"Responder sexualmente" diz respeito a pôr em movimento o circuito da resposta sexual humana: desejo, excitação, orgasmo, resolução. "Experimentar prazer sexual", apesar da subjetividade envolvida, alude à sensação de bem-estar e relaxamento proveniente do ato sexual. Como se vê, esse modelo médico propõe conhecer os sintomas e tratá-los de determinada forma, negligenciando ou deixando em segundo plano a dimensão relacional, histórica e sociocultural do sujeito. Para Abdo (2012, p. 23), "a terapêutica sexual deve partir do tratamento do indivíduo como um todo. Confundir transtornos da sexualidade com disfunções genitais e meramente físicas é erro palmar".

Se na prática geral da sexologia os estudos de Masters e Johnson (1981) e Kaplan (1977), sobretudo, balizam o uso de técnicas específicas para o manejo das DS, no psicodrama temos uma metodologia, uma teoria e um conjunto de técnicas que podem ser utilizadas com o mesmo propósito. Creio que a união desses dois métodos seja de grande vantagem terapêutica. O primeiro, pelo uso de exercícios eróticos estruturados; o segundo pela compreensão psicossociodinâmica, histórica e cultural da pessoa e pelo uso de técnicas de ação.

Se partirmos da concepção moreniana de ser humano, compreendido como ser cósmico, relacional, espontâneo-criativo, que se constitui por meio do desempenho de papéis, encontraremos as bases para construir uma prática psicodramática no manejo das DS. Como abordagem fenomenológico-existencial, o psicodrama privilegia a experiência singular do sujeito, sua historicidade e suas vivências socioculturais expressas no aqui-agora da relação terapeuta-paciente — o que auxilia os envolvidos nesse vínculo terapêutico a olhar para além dos diagnósticos e das técnicas, sem deixar de considerá-los e compreendê-los em suas singularidades.

O ser cósmico a que o pai do psicodrama se refere é aquele que não está restrito a uma concepção biológica, sociológica ou psicológica, mas atua a partir de uma cosmodinâmica (Moreno e Moreno, 2006) cujo movimento ultrapassa ideias limitadoras, ao mesmo tempo que as contém. Portanto, olhar para a sexualidade por esses vieses particulares é restringir seu entendimento e limitar a possível solução de algum problema sexual. Sobre a dimensão relacional humana, Fonseca (2010) afirma que somos movidos pelo instinto de relação. Segundo o autor "a relação humana, como um todo, precede a sexualidade" (p. 218). Esse entendimento nos remete ao conceito de vínculo, considerado por Bustos (2001, p. 82) "uma entidade dinâmica, em movimento, que se produz por mutualidade de escolhas, com raízes nas vivências da matriz de identidade". Moreno (2002, p. 114) a considera "a placenta social da criança, o *lócus* em que ela mergulha suas raízes", a qual deveria lhe proporcionar segurança, orientação e guia. Vínculo, por sua vez, nos remete ao conceito de tele, fenômeno da relação humana por meio do qual ocorre a "mútua percepção íntima dos indivíduos [...] estimula as parcerias estáveis e relações permanentes" (Moreno, 2002, p. 36). Perazzo (2010, p. 73) amplia o entendimento sobre tele e a considera, de forma mais dinâmica, "um movimento de cocriação que constrói, viabiliza e reformula um projeto ou projetos dramáticos [...]".

Assim, é possível afirmar que a interação sexual humana é fruto de uma relação tingida com as cores do vínculo coconstruído que se transforma a cada momento, cujas raízes encontram-se nas primeiras interações sociais da infância, sua matriz sócio-histórico e cultural. Fonseca (2000, p. 222) busca "estabelecer correlações entre as fases do desenvolvimento psicossexual e os modos de ser nas relações amorosas (sexuais) adultas" utilizando como pano de fundo a sua ideia de matriz de identidade, baseada na obra de Moreno. Compreendo a ideia de matriz por uma perspectiva não linear, não cartesiana, não determinista — logo, em movimento sociodinâmico. Como seres criativos e relacionais que somos, a todo instante deparamos com a impermanência e o movimento da vida a nos solicitar respostas novas, daí meu entendimento de que qualquer ideia de "matriz" deva ser vista como dinâmica, em constante movimento, tal qual a vida.

Segundo Kaplan (1977, p. 13), no passado, "as disfunções sexuais eram consideradas manifestações de séria psicopatologia", com tratamentos longos e caros baseados no modelo psicanalítico. A autora adverte que muitos casos de "disfunções sexuais têm raízes em problemas mais imediatos e mais simples que, até recentemente, eram ignorados" (p. 13) e demandam novas formas de intervenção terapêutica. Kaplan propõe uma nova terapia para as DS que difere das formas tradicionais de tratamento da sua época em dois aspectos: a) os objetivos devem ser limitados essencialmente ao alívio da DS; b) deverão ser utilizadas "tarefas sexuais e de comunicação, como partes integrantes do tratamento" (p. 13). Entretanto, considera que, caso haja, "os conflitos intrapsíquicos e transacionais são quase invariavelmente tratados em alguma extensão" (p. 14).

Sobre o uso das tarefas sexuais ou eróticas em casa, afirma: "*O uso das experiências sexuais estruturadas, sistematicamente integrado ao conjunto das sessões terapêuticas, é a principal inovação e o caraterístico distintivo da terapia do sexo*" (1977, p. 14, grifos da autora). Ao propor o uso de "experiências sexuais estruturadas", é importante enfatizar que não se trata de qualquer exercício erótico, como as fórmulas mágicas encontradas nas redes sociais, mas de estratégias sintonizadas com o processo terapêutico e orientadas para cada queixa sexual em particular, de acordo com o momento de vida e da estrutura do vínculo da parceria. Atendi a um jovem adulto (homem branco, cis, heterossexual) com queixa de ejaculação rápida (ER). Ele relatou que havia pesquisado na internet e seguido as dicas de vários "profissionais", mas que as técnicas só funcionavam no início da prática; depois, ele voltava a ter a ER. Acreditava que eu poderia ajudá-lo e na primeira sessão pediu dicas de como superar a disfunção. Percebendo sua psicodinâmica de busca de resultados imediatistas e a pouca persistência em suas práticas anteriores, nenhum exercício estruturado que eu lhe sugerisse surtiria efeito. Esclareci que precisaríamos de mais algumas sessões para que construíssemos juntos uma estratégia terapêutica com maior possibilidade de sucesso. Exercício erótico pelo simples exercício, sem integração com o processo terapêutico, não garante bom prognóstico.

Em minha prática com terapia sexual, identifico uma psicossociodinâmica do público masculino na busca de soluções imediatistas para suas queixas sexuais, comportamento que revela a face heteronormativa da nossa sociedade, influenciada pelas demandas de uma política neoliberal que valoriza a *performance* individualista. Há uma cristalização da conserva cultural (Moreno, 2002) de que ser homem é ser forte, viril e não falhar nunca. Sem se darem conta, desempenham seus papéis de gênero de forma inadequada e contentam-se com a falsa ilusão de cumprirem com esmero o *script* social que lhes é prescrito desde tenra idade.

No psicodrama, adequação e inadequação são termos ligados aos conceitos de papéis e espontaneidade, essencialmente úteis para a compreensão e a intervenção psicoterapêutica. Não se trata aqui de se adequar a regras, mas de desempenhar papéis conforme o momento, o contexto e as funções sociais. Para Moreno (2002, p. 27), os papéis constituem a "forma de funcionamento que o indivíduo assume no momento específico em que reage a uma situação específica, na qual outras pessoas ou objetos estão envolvidos". Refere-se ao "papel sexual" como pertencente à categoria de papel psicossomático. Define os papéis psicossomáticos como "os do indivíduo que come, dorme e exerce uma atividade sexual" (p. 25). Fonseca (2010) e Galati (2016) apresentam um entendimento mais abrangente do papel sexual, entendimento ao qual me filio. O primeiro autor considera que os papéis sexuais "contêm em sua estrutura os componentes psicossomático, psicológico e social" (Fonseca, 2010, p. 218), enquanto a segunda pondera que "a sexualidade é caracterizada pela integração dinâmica entre os aspectos biológicos, psicológicos e socioculturais" (Galati, 2016, p. 175). A exemplo de Costa (1994), considero os papéis envolvidos na sexualidade como afetivo-sexuais, uma vez que não abarcam apenas as diferentes práticas sexuais em si, mas também os diversos tipos de afetos, maneiras de amar e de sentir prazer.

Quais seriam os papéis afetivo-sexuais? Quando alguém se interessa afetiva e/ou sexualmente por outra pessoa, há um primeiro momento de aproximação e assim, à medida que o vínculo evolui, vão se nomeando os papéis. Se há paquera, papel de paqueradora/paquerador; se trocam carícias, beijos e amassos sem compromisso, papel de ficantes; se avançam no envolvimento afetivo, papel de namorada/namorado; se têm relações sexuais, papel de fazer sexo ou de amantes; se assumem compromisso matrimonial, papel de cônjuges; se considerarmos as práticas BDSM[2], de dominadora/dominador, submissa/submisso etc.

Se considerarmos a influência das DS e dos TP nos relacionamentos, teremos os papéis de potente/impotente, de orgásmica(o)/anorgásmica(o), de ejaculador rápido ou demorado; papel de quem sente dor (dispareunia), de vagínica (vaginismo), de *voyeur*, de *frotteurista* etc. Ao levarmos em conta as contribuições de autores brasileiros contemporâneos à teoria de papéis moreniana, a depender dos vínculos e dos contextos em que tais papéis são desempenhados, poderão ser considerados sociais, psicodramáticos, imaginários (Naffah Neto, 1997), de fantasia (Perazzo, 2010, 2019), subpapéis (Aguiar, 1990) ou papéis latentes (Nery, 2014).

Quanto à espontaneidade — a resposta nova e adequada diante de qualquer situação (Moreno, 2002) —, ela pode ser utilizada como o fiel da balança na avaliação da "forma de funcionamento" do indivíduo no desempenho de seus papéis afetivo-sexuais. Adequação compreendida como "capacidade de se abrir perceptivamente" (Naffah Neto, 1997, p. 49) ao mundo em transformação à sua volta, e fazer-se presente. A presença saudável da espontaneidade na sexualidade humana se dá na proporção inversa da ansiedade. Quanto mais espontaneidade, menos ansiedade, e vice-versa (Moreno, 2002). A literatura sobre DS é rica em enfatizar a ansiedade como uma das causas limitadoras da vida sexual e está na origem de determinadas disfunções (Lucena e Abdo, 2013). Quanto mais espontaneidade, mais adequação na interação sexual e mais prazer.

Tentemos compreender a articulação teoria-prática ante uma queixa de transtorno erétil (TE)[3] (APA, 2014). O TE caracteriza-se por

[2] Acrônimo derivado do idioma inglês para representar algumas práticas sexuais consentidas. "Significa *bondage* e disciplina, dominação e submissão, sadismo e masoquismo, e tem como característica o prazer a partir do estímulo físico ou psicológico para infligir ou sentir dor ou sofrimento com relações de poder e submissão, restrições físicas ou amarras" (Ciasca, Hercowitz e Lopes Junior, 2021, p. 296).

[3] O transtorno erétil acomete em torno de "45,1% dos homens brasileiros com idade acima dos 40 anos, em algum grau" (Abdo, 2004, p. 98). Na pesquisa feita pela autora com 3.584 homens, na faixa etária de 41 a 60 anos, 94% se declararam heterossexuais, 4,6% homossexuais e 1,4% bissexuais (p. 27).

dificuldade acentuada de obter uma ereção ou de mantê-la até o fim da atividade sexual. Ou, ainda, pela diminuição acentuada na rigidez erétil.

Do ponto de vista dos papéis afetivo-sexuais ante um quadro de TE de um homem cis, a dimensão psicossomática é clara quando o organismo não responde fisiologicamente de forma satisfatória, mesmo diante de estimulação sexual pertinente. Já a dimensão social do referido papel vê-se refletida na crença, muito arraigada na cultura machista brasileira, de que "homem não falha" e de que o sexo só é sexo se houver penetração — como sofrem os homens cis com essa cultura machista que os coloca no centro do poder! A dimensão psicodramática, psicológica, encontra-se na subjetividade de como o homem percebe e vivencia, no contexto dramático, o seu papel afetivo-sexual — nesse caso, papel de "impotente" ("Como é difícil falar disso, estou até suando", diz Pedro em uma sessão cujo tema central era o seu TE). Alguns buscam ajuda para restabelecer sua condição de homem "potente" e se enquadrar na conserva cultural do homem viril. Ainda não compreenderam que o corpo humano é todo sexualizado e que o repertório sexual precisa ser ampliado para dar e receber prazer, retirando o foco do sexo meramente genital. Outros, porém, sucumbem à depressão e até a comportamentos suicidas, tamanho o impacto emocional do TE na vida do homem e de sua parceria (Cavalcanti e Cavalcanti, 2019).

Do ponto de vista da espontaneidade sexual, a resposta nova e adequada para vivenciar criativamente o aqui-agora encontra-se prejudicada no TE. A vergonha, o sentimento de inferioridade e o medo de não ter ereção faz que o homem se afaste da sua parceria e passe a ser dominado por um quadro de ansiedade. A parceria, por sua vez, sente-se rejeitada, pouco ou nada atraente, e chega até a duvidar da fidelidade conjugal em virtude desse afastamento sexual. Como se vê, a DS em questão torna-se um problema para a autoestima dos indivíduos e para a intimidade do casal, formando uma rede de inadequação tanto sexual quanto relacional.

Ilustremos o tema com um pequeno recorte de sessão de terapia sexual psicodramática. Tiago, 35 anos, homem cis, heterossexual, profissional de tecnologia da informação, casado no modelo monogâmico. Tem um bom relacionamento com a esposa (mulher cis, heterossexual), com amor, afeto e cuidados mútuos. Refere ter mais desejo sexual do que ela; assim, em geral, é Tiago quem a procura. Relata que tem perdido a ereção quando em relação íntima com a esposa e que essa dificuldade começou há um ano, depois que teve um encontro extraconjugal com uma mulher em um motel. Tiago não entende por que passou a "falhar" com a esposa se a acha atraente, bonita e, do seu ponto de vista, eles vivem bem. Fica muito ansioso só de pensar em ter relações sexuais com ela. Como lidar terapeuticamente com o caso? Procuro harmonizar os dois campos do conhecimento, o da terapia sexual e o do psicodrama, em uma interação dinâmica, particularizada para cada indivíduo, para cada vínculo afetivo-sexual e cada queixa.

Em terapia sexual, identificada a queixa, procura-se explorá-la com mais detalhes, de forma dinâmica e acolhedora, de acordo com o momento, o aqui-agora da relação terapêutica.

- *O que acontece?* (descrição da queixa) — Tiago tem perdido a ereção com a esposa.
- *Como acontece?* (detalhamento da queixa) — quanto aos pensamentos: pensa que pode "falhar"; que ela pode desconfiar de sua infidelidade; quanto aos sentimentos: ansiedade, medo; quanto à "re-ação"[4]: nervosismo, valoriza as preliminares com sexo oral, perde a ereção antes da penetração; quanto à esposa, mostra-se compreensiva e tenta animá-lo ("Acontece!"), sem cobranças.
- *Onde acontece?* (local em que ocorre a DS) — normalmente, no quarto do casal.
- *Quando?* (circunstâncias em que ocorre a DS) — momento de intimidade, entre as preliminares e a penetração.
- *Há quanto tempo?* (quando a DS começou) — há um ano.

[4] "Re-ação": a sílaba "re" diz respeito à reação fisiológica: suor, rubor, tremor, taquicardia etc.; a palavra "ação" diz respeito ao comportamento: levantar-se, caminhar, sorrir, discutir etc.

Tiago apresenta uma boa saúde geral, apesar do quadro de ansiedade; profissional muito dedicado ao seu ofício, lida de forma prática com os acontecimentos do dia a dia. Seu TE caracteriza-se como secundário (a partir da experiência no motel com outra mulher), situacional (no quarto de motel e com a esposa — ambos mobilizam nele a sensação de envolvimento afetivo), de causa psicológica. Considerando a psicodinâmica de Tiago (homem prático) e a sociodinâmica do seu vínculo afetivo (casal em que os parceiros preocupavam-se um com o outro e eram cooperativos), trabalhei com psicoeducação, abordando os mitos e tabus do sexo com penetração (e o impacto que o TE provoca na autoestima do homem), fizemos exercícios de respiração e relaxamento para controle da ansiedade e propus que, no próximo encontro sexual, eles apenas se soltassem e se divertissem, sem se preocupar com a penetração. Aliás, esta estava proibida; ambos deveriam apenas trocar carícias visando ao prazer mútuo. O objetivo dessa prática era o de retirar a atenção de Tiago do pênis/penetração e focar em dar e receber prazer por meio de toques sensuais, para que fosse "enfatizado não a *performance sexual*, mas o fortalecimento mútuo do prazer erótico não orgásmico" (Kaplan, 1977, p. 261, grifo da autora). A estratégia objetivava o prazer espontâneo, o fim do medo do fracasso e dos pensamentos obsessivos, bem como a diminuição da ansiedade de desempenho.

Na sessão seguinte, Tiago relata que não conseguiu fazer o exercício em virtude dos pensamentos obsessivos sobre uma possível "falha". Proponho que utilize o tapete da sala (palco) e monte uma imagem da atual situação que vive, utilizando para isso as almofadas do consultório. Diante de sua dificuldade de montar a imagem, sugiro uma com base em minha percepção, com a qual concorda. No cenário, três almofadas de cores diferentes, simbolizando os personagens "quarto do motel", "sexo em local público com outra mulher" e "quarto do casal". Ao tomar o papel do "quarto do motel", Tiago descreve a sensação de estar em ambiente de muita intimidade e de fracasso. No papel do "sexo em local público", experimenta aventura e descompromisso, sente-se forte e potente. No papel de "quarto do casal", percebe que está com muito medo de falhar. Intuo que seus pensamentos são como fantasmas do que viveu há um ano, visto que se mostram presentes ainda que em situação distinta. Tiago concorda com a metáfora do fantasma. Proponho ao paciente que se imagine no seu quarto se preparando para ter um momento íntimo com a esposa, e informo que eu daria vida ao "fantasma da não ereção" utilizando as almofadas do cenário. Peço que decida, no aqui-agora, se vai ficar com o "fantasma" no quarto ou se vai expulsá-lo. Jogo a almofada "fantasma" para Tiago e ele a segura.

Duplo do terapeuta — Eu tenho tanto medo de falhar que não consigo me livrar de você, fantasma. Estou carregando você comigo o tempo todo.

Tiago se dá conta do medo de falhar que alimenta o "fantasma". Pergunto se ele quer continuar carregando consigo o "fantasma" ou prefere livrar-se dele (catarse de ação). Tiago joga o "fantasma" para o lado sem muita convicção. Incremento a realidade suplementar (Moreno, 2002) afirmando que surgiram mais fantasmas no quarto e Tiago terá de se livrar deles se quiser ter paz. Jogo várias almofadas para Tiago, cada vez mais rápido, à medida que ele se desvencilhava delas. Ele começa a responder de pronto, concomitantemente aos meus lançamentos, atento, firme, decidido. Finalizada a ação, no momento de compartilhar o vivido na sessão, diz que estava leve e que não imaginava que carregava aqueles fantasmas. Na próxima sessão, Tiago relata que teve relações sexuais satisfatórias com esposa.

PROCESSAMENTO

O TE é a disfunção sexual que mais afeta a autoestima do homem cis. Fonte de sofrimentos extremos, pode desencadear comportamentos suicidas. A educação cis-heteronormativa da sociedade brasileira, calcada na pseudosuperioridade do homem cis, contribui para isso ao considerar inferior aquele que não tem ereção ou potência, pondo em dúvida a sua masculinidade — como se "ser homem" fosse sinônimo de ter ereção o tempo todo, independentemente do seu momento socioemocional, e sinônimo de ter pênis, ao caracterizar a masculinidade a partir do órgão sexual. Não é!

Nesse sentido, tratar o homem com TE ou o casal que vive esse quadro disfuncional implica sensibilidade, empatia, tele e respeito, pois estamos lidando com uma das maiores fragilidades das masculinidades cis: o mito da virilidade.

A estratégia da psicoeducação sobre os mitos da ereção e da penetração foi necessária para criar um espaço de acolhimento e não julgamento na relação terapêutica. O exercício de foco sensorial foi prescrito para que o paciente conseguisse desconstruir o mito do sexo genital, focado no pênis e na vagina, bem como para treinar a capacidade do casal de se entregar e se conhecer de forma mais sensível. Como percebido pelo relato de Tiago, sua ansiedade de desempenho era tamanha que não conseguiu realizar o exercício. Seu relato serviu como aquecimento para a etapa seguinte da psicoterapia sexual psicodramática, a dramatização. Homem de raciocínio concreto, prático, teve dificuldade de montar uma imagem do contexto conflitivo que vivia. O psicoterapeuta, na função de ego auxiliar, ao montar a imagem da situação de acordo com seu ponto de vista, emprestou seu ego ao paciente, em uma espécie de duplo. Conforme Moreno (1974, p. 131), "o ego auxiliar dá ao paciente como que um segundo 'eu': atua como se fosse a mesma pessoa e imita cada gesto e cada movimento do paciente". Na função de ego auxiliar, meu objetivo era fazê-lo enxergar para além do seu sofrimento, para além de si, bem como mantê-lo aquecido para a cena. A realidade suplementar criada ao inserir o "fantasma da não ereção" na cena foi um recurso importante para o resgate da espontaneidade-criatividade de Tiago. Segundo Zerka Moreno (Moreno, Blomkvist e Rutzel, 2001, p. 46), "[Moreno] sabia que não poderia chegar verdadeiramente ao psiquismo do protagonista a menos que ele habitasse, junto com o protagonista, a realidade suplementar". E continua: "Uma vez que você penetra no psiquismo de uma pessoa, atinge uma dimensão que vai mais além da realidade subjetiva e objetiva. É uma espécie de realidade cósmica. É isso que eu acho que a realidade suplementar realmente é. Ela tem essa peculiaridade de ser fora do tempo e do espaço que nos coloca em contato com os poderes cósmicos" (*ibidem*).

Perazzo (2010, p. 108), por sua vez, considera a realidade suplementar "um requinte criativo em que o sujeito se integra e se eleva numa dimensão cósmica da confluência da condição humana na relação com o seu semelhante". Enfrentar o "fantasma da não ereção", que tornava Tiago "impotente", foi um exercício de resgate do seu papel psicodramático de "homem potente" realizado por meio de uma catarse de ação (Moreno, 1974). No momento de compartilhar com o psicoterapeuta o que vivera naquela dramatização, Tiago revelou um sentimento de leveza e de surpresa, consubstanciando, assim, o que Zerka Moreno (Moreno, Blomkvist e Rutzel, 2001) define como atingir "uma dimensão que vai mais além da realidade subjetiva e objetiva" e o que Perazzo (2010) compreende como um "requinte criativo". O paciente terá sido "curado" do TE? Ouso dizer que momentaneamente sim, uma vez que relatou ter tido relações sexuais satisfatórias com a esposa. Porém, minha hipótese diagnóstica psicodramática é a de que o fenômeno do TE de João tem raízes em uma lógica afetiva de conduta (Nery, 2003) ligada às situações de "intimidade" afetiva e erótica (Perel, 2018). Essas lógicas foram mobilizadas no quarto de motel ("Se a desonrar, serei desonrado!") e transferidas, por meio do cacho de papéis, para a intimidade conjugal. Soma-se a esse enredo o sentimento de culpa. Culpa por, também, desonrar a esposa com a infidelidade, uma vez que esta é "cláusula pétrea" do modelo de casamento monogâmico. Essa hipótese surgiu porque, em nossa primeira sessão, Tiago revelou ter sido alertado pelo pai, na adolescência, para que não desonrasse as mulheres com quem se envolvesse sexualmente, pois ele seria também desonrado pelo pai. Fazer sexo em local público era considerado por Tiago algo impessoal, sem envolvimento, mecanismo psíquico que o protegia da desonra e, ao mesmo tempo, o validava como o macho viril, de pênis ereto, da cultura cis-heteronormativa. Estar em um quarto de motel com outra mulher que não a sua esposa, em um ambiente de intimidade, como afirmou, pode ter acionado no seu psiquismo o "fantasma" paterno de não desonrar as mulheres para não ser desonrado, contribuindo para um estado de ansiedade, de sentimento de culpa e para a sua disfuncionalidade erétil.

CONSIDERAÇÕES NÃO FINAIS

O exercício intelectual aqui apresentado para uma prática psicodramática no campo da sexologia, especificamente na terapia sexual, não se fez de forma hermética, uma vez que se trata de um campo de conhecimento complexo, que envolve várias áreas além da psicologia, como a medicina, a antropologia, o direito etc.

Da escola de Masters e Johnson (1981), bem como da medicina, vem a tradição de direcionar o foco terapêutico para a disfunção sexual. Com a "nova terapia do sexo", Kaplan (1977) amplia esse entendimento ao considerar os ensinamentos da psicanálise, da escola comportamentalista, da análise transacional e da medicina psicossomática e criar estratégias terapêuticas para lidar com as queixas sexuais. J. L. Moreno, por sua vez, nos deixou um legado teórico, metodológico e técnico que nos capacita a direcionar o foco terapêutico tanto para a disfunção sexual quanto para a psicossociodinâmica do indivíduo na relação com o outro. Isso implica voltar o nosso olhar para o desempenho dos papéis afetivo-sexuais, para a dinâmica dos vínculos, para o encontro interpessoal e para a espontaneidade sexual — quão entregue se está ao momento e à ação criativa com a parceria —, sem desconsiderar os marcadores sociais, culturais, econômicos, políticos, de raça e de gênero que nos atravessam. Assim, o método psicodramático configura-se como o mais abrangente para o tratamento das disfunções sexuais, sem, contudo, perder o caráter de brevidade psicoterápica que tais demandas às vezes solicitam.

No manejo das dificuldades e disfunções sexuais, faz-se imperativo que o psicodramatista tenha como princípio inspirador a crença na capacidade humana de buscar soluções novas (espontaneidade-criatividade) para a sua vida afetivo-sexual. E essa inspiração também deve permear o desempenho criativo do seu próprio papel de psicodramatista. Conhecimento científico na área específica da sexualidade é importante, bem como autoconhecer-se sexualmente enquanto sujeito de desejo — desejante e desejado.

Novos estudos no campo da sexualidade humana em interface com o psicodrama são sempre bem-vindos, uma vez que a ciência é um caleidoscópio em constante movimento. Se, de um lado, Moreno não se debruçou especificamente sobre esse tema, criou um arcabouço teórico, metodológico e técnico capaz de aprofundar esse campo tão diverso e em permanente transformação, como bem temos vivenciado na contemporaneidade. Sigamos cocriando, abertos às novidades com que o mundo sempre nos presenteia.

REFERÊNCIAS

ABDO, Carmita. *Descobrimento sexual do Brasil*. São Paulo: Summus, 2004.

______. *Sexualidade humana e seus transtornos*. São Paulo: Leitura Médica, 2012.

AGUIAR, Moysés. *O teatro terapêutico — Escritos psicodramáticos*. Campinas: Papirus, 1990.

AMERICAN PSYCHIATRIC ASSOCIATION (APA). *Manual Diagnóstico e Estatístico de Transtornos Mentais — DSM-5*. Porto Alegre: Artmed, 2014.

BUSTOS, Dalmiro M. *Perigo... Amor à vista! Drama e psicodrama de casais*. São Paulo: Aleph, 2001.

CAVALCANTI, Ricardo; CAVALCANTI, Mabel. *Tratamento clínico das inadequações sexuais*. 5. ed. São Paulo: Payá, 2019.

CIASCA, Saulo Vito; HERCOWITZ, Andrea; LOPES JUNIOR, Ademir. *Saúde LGBTQIA+ — Práticas de cuidado transdisciplinar*. Santana de Parnaíba: Manole, 2021.

COSTA, Reinaldo Pamplona. *Os onze sexos — Múltiplas faces da sexualidade humana*. São Paulo: Gente, 1994.

FONSECA, José. *Psicoterapia da relação — Elementos de psicodrama contemporâneo*. São Paulo: Ágora, 2010.

GALATI, Maria Cristina R. "A abordagem psicodramática das dificuldades sexuais". In: CASTANHO, Gisela (org.). *Psicodrama com casais*. São Paulo: Ágora, 2016.

KAPLAN, Helen Singer. *A nova terapia do sexo*. Rio de Janeiro: Nova Fronteira, 1977.

LUCENA, Bárbara; ABDO, Carmita. "Anxiety and sexual functioning". *21st Congress of the World Association of Sexual Health*, Porto Alegre, 2013.

MASTERS, William H.; JOHNSON, Virginia E. *A conduta sexual humana*. 4. ed. Rio de Janeiro: Civilização Brasileira, 1981.

MORENO, Jacob Levy. *Psicoterapia de grupo e psicodrama*. Rio de Janeiro: Mestre Jou, 1974.

______. *Psicodrama*. São Paulo: Cultrix, 2002.

MORENO, Jacob Levy; MORENO, Zerka Toeman. *Psicodrama — Terapia da ação & princípios da prática*. São Paulo: Daimon, 2006.

MORENO, Zerka Toeman; BLOMKVIST, Leif Dag; RÜTZEL, Thomas. *A realidade suplementar e a arte de curar*. São Paulo: Ágora, 2001.

NAFFAH NETO, Alfredo. *Psicodrama – Descolonizando o imaginário*. São Paulo: Plexus, 1997.

NERY, Maria da Penha. *Vínculo e afetividade – Caminho das relações humanas*. 4. ed. rev. São Paulo: Ágora, 2014.

ORGANIZAÇÃO MUNDIAL DA SAÚDE (OMS). *Classificação Estatística Internacional de Doenças e Problemas Relacionados à Saúde – CID-10*. São Paulo: Edusp: 2017.

PERAZZO, Sergio. *Psicodrama – O forro e o avesso*. São Paulo: Ágora, 2010.

______. *Ainda e sempre psicodrama*. 2. ed. rev. São Paulo: Ágora, 2019.

PEREL, Esther. *Sexo no cativeiro*. Rio de Janeiro: Objetiva, 2018. *E-book*.

Autoras e autores

ALLINY ARAÚJO

Mulher cis, pansexual, pisciana com ascendente em aquário e lua em sagitário. Que acredita no amor, sonha em mudar o mundo e se diverte enquanto tenta fazê-lo com afinco (e um tanto de ingenuidade). Uma psicodramatista completamente apaixonada desde a primeira vivência. Uma jornalista idealista que entendeu que jornalismo assim não tem muito espaço. Transitando para a psicologia, quase terminando o curso e sentindo que encontrou seu lugar no mundo. Poeta e escritora nas horas vagas. Mãe de pet. Em construção constante, em busca da tão sonhada liberdade (se é que ela existe).

E-mail: allinyaraujo85@gmail.com

ANNA CLÁUDIA EUTRÓPIO

Mulher, cis, branca, psicóloga, psicodramatista, mestre em Psicologia Social, doutora em Educação, bailarina de improvisação, formadora de profissionais, apaixonada pela reinvenção. Mãe de duas crianças que me movem ao se moverem. Feminista, antirracista e trabalhadora pela justiça social. Coautora do livro *Meu adolescente — Diálogos, memórias, conexões* (edição das autoras, 2020).

E-mail: annaclaudiab@gmail.com

CLAUDIA CLEMENTI FERNANDES

Viver o amar é infinito? Eu digo que sim. Diretora de teatro espontâneo, atriz, mulher da psicologia, do psicodrama, da psicanálise. A experiência amorosa em todas as suas formas e cores está presente em tudo que realizo, sinto, vivo.

E-mail : grupogotadagua@gmail.com

DANIELA APARECIDA CARDOSO DA SILVA

Filha de Penha (in memoriam) e Claudovir. Esposa de Caroline. Moradora da Baixada Santista (SP). Umbandista. Militante do Movimento Negro. Aprecia livros, jogos de raciocínio lógico, boas conversas, plantas e viagens. Psicóloga, psicodramatista pela Associação Brasileira de Psicodrama e Sociodrama (ABPS/SP). É especialista em Psicologia Hospitalar pelo Hospital das Clínicas da Faculdade de Medicina da Universidade de São Paulo (FMUSP), e em Psicologia e Relações Raciais pelo Instituto AMMA Psique e Negritude. Mestre em Saúde Coletiva pela Coordenadoria de Recursos Humanos (CRH) da Secretaria de Estado da Saúde de São Paulo. Trabalhou no Sistema Único de Saúde (SUS) de 2005 a 2022, na área de saúde mental de alta complexidade e ISTs/aids. Atualmente, presta consultoria em diversidade, inclusão, sustentabilidade e mediação de crises/conflitos em organizações públicas e privadas, além de atender em consultório particular, contemplando também, em seu manejo clínico, a perspectiva da psicologia preta/africana. Ex-integrante da coletiva Roda Terapêutica das Pretas e do corpo clínico virtual da Casa de Marias (SP). Pesquisadora das temáticas: psicodrama, relações étnico-raciais/racismo, saúde mental, afetos, sexualidades e cosmogonia africana.

E-mail: danielacardoso.psi@gmail.com

JULIANA DOS SANTOS SOARES

Sou mulher, branca e cisgênero. Psicóloga pela Universidade Federal de Minas Gerais (UFMG), psicodramatista didata pelo Instituto Mineiro de Psicodrama Jacob Levy Moreno (Impsi). Realizo psicoterapia individual e de grupo, além de conduzir atos sociopsicodramáticos em grupo, presenciais e online. Gosto de estudar o amor em suas muitas manifestações e dimensões, e desejo viver num mundo mais amoroso. Por isso, antirracista e feminista. Mineira de Belo Horizonte, hoje vivo nas montanhas de Brumadinho, com meu companheiro e minha enteada. Apaixonada por música, livros e boas conversas.

E-mail: juliana@seremrelacao.com.br

LAURA DE SOUZA ZINGRA VOMERO

Existência desviante que confunde, estremece e disputa espaços físico--discursivos quando a cis-heteronorma tenta apagar o lugar da não binaridade e da bissexualidade. É nessas fronteiras diluídas que o meu corpo dança ao ritmo das palavras escritas, imaginadas e/ou interpretadas. Dançarina, poeta e atriz não por vocação, mas por necessidade, desejo e entusiasmo. Escorpiana com ascendente em escorpião que, mesmo com medo, não mede a profundidade da água para mergulhar. Talvez por isso minha sedução resida nas conversas que despertam curiosidade — por vezes inconscientes —, na sexualidade e na experimentação sinestésica e intuitiva do corpo. Psicóloga transfeminista, antirracista e anticolonial. E, também, psicodramatista didata e pesquisadora dos seguintes temas: relações étnico-raciais, de gênero, corpo e poder.

E-mail: laurazvomero@gmail.com

MARIA DA PENHA NERY

Meu nome é de santa, mas estou mais para pedra, e quando ela pesa, sempre me surpreendo com a água que me torno; sou a penúltima de quinze irmãos, daí o desejo de me especializar em grupos? E bajulava meus pais, mas logo tive de ir para longe do aconchego mineiro. Uma mulher cis que vive discriminações por ser mulher; branca — quantos privilégios da branquitude! — e amo em mim a preta bisavó. Vivo as dores e as alegrias da forma diversa de amar, com as questões da monogamia que me cutucam. Sou cientista e escritora para aprender e duvidar. Desejo mais e mais poesia. E fertilizo as terras da psicologia e do psicodrama com arte e luta social.

E-mail: mpnery@hotmail.com

NILTON INACIO DO NASCIMENTO

Homem, cis, hétero, carioca de origem e goianiense pelas mãos do destino. Psicólogo clínico com formação humanista, psicodramatista didata supervisor, terapeuta sexual pelo Programa de Estudos em Sexualidade do Instituto de Psiquiatria do Hospital das Clínicas da Faculdade de

Medicina da Universidade de São Paulo (Prosex/FMUSP), docente em cursos de pós-graduação e coordenador de ensino da Sociedade Goiana de Psicodrama (biênio 2023-2024). Na intimidade, é esposo da Sandra, pai da Priscilla e da Alice e avô da Yasmim e do Vicente. Amante das artes, tem a música como musa inspiradora. Dedica-se aos estudos do psicodrama, relacionamentos, gênero e sexualidades.

E-mail: niltonnascimentopsi@gmail.com

PAULO CÉSAR ALVES DE SIQUEIRA

Homem, cis, gay, mineiro, pai de pet. Leonino com ascendente em escorpião. Psicólogo, neuropsicólogo e psicodramatista didata. Apaixonado pelas aventuras que o psicodrama propõe, seja no contexto individual, seja no de grupos. Estudioso dos relacionamentos amorosos e colaborador na construção de formas mais espontâneas de se relacionar, especialmente no contexto LGBTQIA+. Totalmente identificado com os papéis de professor, diretor, terapeuta e parceiro amoroso.

E-mail: siqueiras.paulo@gmail.com

SAULO VITO CIASCA

Homem, branco, cis, gay, médico psiquiatra pela Faculdade de Medicina da Universidade de São Paulo (FMUSP), psicoterapeuta com formação em psicodrama e psicoterapia psicodinâmica breve e ator pela Escola de Teatro Macunaíma. É coordenador do Espaço Transcender, do Centro de Saúde Escola Butantã Samuel B. Pessoa da FMUSP; da área da saúde da Aliança Nacional LGBTI+; e da pós-graduação em Psiquiatria da Sanar. É professor convidado da disciplina de Saúde LGBTQIA+ na FMUSP e de cursos de pós-graduação na área de sexualidade em instituições como Sanar, Instituto de Ensino, Pesquisa e Orientação em Saúde (Iepos), Centro Universitário Faculdade de Medicina do ABC (FMABC), Centro Universitário Salesiano de São Paulo (Unisal) e Instituto Brasileiro de Ciências Médicas (IBCMED). Tem experiência no atendimento de crianças, adolescentes e adultos trans e/ou com vivências de variabilidade de gênero pelo Ambulatório Transdisciplinar de Identidade de Gênero e Orientação Sexual (Amtigos) do Instituto de Psiquiatria do HCFMUSP. Hoje atua no Espaço Transcender, no Núcleo Trans da Universidade Federal de São Paulo (Unifesp) e no Núcleo de Cuidados em Saúde da Pessoa Trans do Hospital Sírio Libanês. Diretor de ensino do Instituto Saudiversidade. Membro voluntário da ONG Mães pela Diversidade. Editor e autor do livro *Saúde LGBTQIA+ — Práticas de cuidado transdisciplinar* (Manole, 2021) e coordenador do curso de mesmo nome.

E-mail: svciasca@gmail.com

WESLEY MIRANDA MARQUES

Sou psicólogo, psicodramatista, terapeuta comunitário e bailarino. Atuo como psicólogo clínico, diretor da Casa das Cenas Escola de Psicodrama e Clínica de Psicologia e coordenador da Clínica Social e do Centro de Desenvolvimento de Papéis dessa instituição. Danço desde que me entendo por gente; a dança era minha forma de conexão com as pessoas e com o mundo. Na psicologia, busquei uma formação teórica e técnica que pudesse unir dança e ciência. Encontrei, assim, o psicodrama, que foi um divisor de águas na minha trajetória pessoal e profissional. Quando me formei, sonhava em trabalhar com crianças no serviço público. Atuei muito tempo com esse público, mas na área clínica, e por uma questão que enfrentei em um congresso de psicodrama passei a direcionar meus estudos, pesquisas e atuação para as questões de diversidade sexual e de gênero. Então, fortalecido nos aspectos emocional e intelectual, pude buscar novas redes e fortalecer novos vínculos, expandindo assim meus papéis, sobretudo os de psicodramatista, cidadão, político e militante. Sou integrante do Conselho Popular LGBTQIA+ de Uberlândia (MG) e da comissão de educação e formação da Associação Amigos da Parada. Meu sonho é viver uma sociedade mais justa, igualitária e inclusiva.

E-mail: wesleym.marques@yahoo.com.br